中南经济论丛

ZHONGNAN JINGJI LUNCONG

杨晓军 著

中央高校基本科研业务费专项资金项目

中国居民人力资本投资与城乡收入差距研究

ZHONGGUO JUMIN RENLI ZIBEN TOUZI YU CHENGXIANG SHOURU CHAJU YANJIU

中国财经出版传媒集团
经济科学出版社
Economic Science Press

图书在版编目（CIP）数据

中国居民人力资本投资与城乡收入差距研究/杨晓军著.
—北京：经济科学出版社，2018.1
（中南经济论丛）
ISBN 978-7-5141-8920-9

Ⅰ.①中… Ⅱ.①杨… Ⅲ.①居民-人力资本-人力投资-影响-居民收入-城乡差别-研究-中国
Ⅳ.①F249.21②F126.2

中国版本图书馆 CIP 数据核字（2017）第 327334 号

责任编辑：周秀霞
责任校对：王肖楠
责任印制：潘泽新

中国居民人力资本投资与城乡收入差距研究
杨晓军　著
经济科学出版社出版、发行　新华书店经销
社址：北京市海淀区阜成路甲 28 号　邮编：100142
总编部电话：010-88191217　发行部电话：010-88191522
网址：www.esp.com.cn
电子邮件：esp@esp.com.cn
天猫网店：经济科学出版社旗舰店
网址：http：//jjkxcbs.tmall.com
固安华明印业有限公司印装
710×1000　16 开　12.25 印张　180000 字
2018 年 1 月第 1 版　2018 年 1 月第 1 次印刷
ISBN 978-7-5141-8920-9　定价：44.00 元
（图书出现印装问题，本社负责调换。电话：010-88191510）

前 言

中国是一个城乡二元经济结构特征明显的国家，长期执行城市偏向的经济政策导致城乡居民收入差距较大。从发展趋势来看，中国城乡收入差距变动趋势并不符合库兹涅茨所提出的“倒U型假说”，还没有出现明显缩小的迹象。根据人力资本理论，人力资本投资可以分为健康投资、教育投资和迁移投资等三种主要类别。此外，人力资本投资会直接增加居民的人力资本水平，进而增加居民收入水平和影响城乡收入差距。本书从城乡居民视角出发，分别从理论和实证方面探讨居民人力资本投资对城乡收入差距的影响，既充实和完善了现有人力资本理论，又可以为政府部门制定缩小城乡收入差距的政策提供依据。

本书以居民人力资本投资与城乡收入差距为基本研究对象，以人力资本理论和收入分配理论为基础，在现有文献综述的基础上，运用时间序列和省级面板数据，首先，从静态和动态分析视角梳理中国居民人力资本投资和城乡收入差距的演变趋势和变化规律；其次，从理论分析视角深入探讨居民人力资本投资对城乡收入差距的影响；再次，运用计量分析模型和方法，从实证检验视角分析中国居民人力资本投资对城乡收入差距的影响；最后，根据上述研究结论，提出加强居民人力资本投资和缩小城乡收入差距的对策建议。

中国城乡居民人力资本投资呈现稳定持续增长的态势，其中，健康投资增长速度较快，但比重较低，且存在一定的波动性；教育投资增长速度最慢，虽比重较高，但呈现缓慢下降的态势；迁移投资的增长速度最快，且比重保持稳步上升的态势。从区域层面来看，东部地区城乡居民人力资本投资水平较高，但增长速度较慢。从收入等级层面来看，城乡居民人力资本投资水平与其收入水平呈现正相关，但其增长速度存在明显的城乡差异。中国城乡居民人力资本投资的数值差异呈现不断扩大的趋势，其结构变动存在一定的差异。从区域层面来看，东部地区差异最大。从收入等级层面来看，城乡居民人力资本投资的数值差异与其收入水平呈现出显著的正相关。中国城乡居民人力资本投资的比值差异呈现持续波动的变化特征，其结构变动存在一定的差异。从区域层面来看，西部地区差异最大。从收入等级层面来看，比值差异与其收入水平也呈现出显著的正相关。

中国城乡居民收入水平总体上均呈现出稳定持续增长的态势，且城镇居民收入的增长速度超过了农村居民收入的增长速度。中国城乡居民绝对收入差距呈现出持续扩大的态势，而其相对收入差距呈现出波动的趋势，并具有明显的阶段性特征。从区域差异来看，中国各区域城乡居民收入水平均呈现稳定持续增长的态势，其中东部地区城乡居民收入水平均高于全国平均水平；中国各区域城乡居民绝对收入差距呈现出持续扩大的趋势，其中东部地区城乡居民绝对收入差距的数值最大；中国各区域城乡居民相对收入差距呈现出轻微的先上升后下降的趋势，其中西部地区城乡居民相对收入差距的数值最大。从收入等级差异来看，中国各收入等级城乡居民收入水平均呈现稳定持续增长的态势，且不同收入等级间收入差距比较明显；中国各收入等级城乡居民绝对收入差距呈现出持续扩大的趋势，且与其收入水平呈现出显著的正相关；中国各收入等级城乡居民相对收入差距呈现出轻微的先上升后下降的趋势，且与其收入水平呈现出显著的负相关。

以引入人力资本的索罗模型（MRW 模型）和依据柯布—道格拉斯生产技术组合生成人力资本函数为基础，构建城乡两部门条件下居民人力资本投资及其结构与城乡收入差距理论模型，研究发现：城镇居民人力资本投资及其结构均与其收入水平呈现正相关，也与城乡居民收入差距呈现正相关；农村居民人力资本投资及其结构均与其收入水平呈现正相关，但与城乡居民收入差距呈现负相关；城乡居民人力资本投资及其结构比值均与城乡居民收入差距呈现正相关。

运用中国 1997 ~ 2013 年的省级面板数据，从全国、区域和时期层面分别实证研究中国居民人力资本投资及其结构对城乡收入差距的影响，具体研究结果如下：（1）中国城镇居民人力资本投资对城乡收入差距具有正向效应，且教育投资对城乡收入差距的贡献最大，依次是迁移投资和健康投资。从区域层面来看，中部地区和西部地区的人力资本投资均对城乡收入差距具有显著的正向效应；东部地区健康投资、中部地区健康投资和西部地区迁移投资均对城乡收入差距具有显著的正向效应，且其贡献程度最大。从时期层面来看，在 2003 ~ 2008 年期间城镇居民人力资本投资对城乡收入差距具有显著的正向效应；在 1997 ~ 2002 年和 2003 ~ 2008 年期间教育投资以及在 2009 ~ 2013 年期间健康投资也均对城乡收入差距具有显著的正向效应，且对城乡收入差距的贡献最大。（2）农村居民人力资本投资对城乡收入差距具有显著的负向效应，但其结构类型的影响不显著。从区域层面来看，东部地区农村居民人力资本投资对城乡收入差距具有显著的负向效应；东部地区健康投资和中部地区教育投资均对城乡收入差距具有显著的负向效应，且其贡献程度最大。从时期层面来看，在1997~2002年间农村居民人力资本投资对城乡收入差距具有显著的负向效应；在1997~2002年和2003~2008年间农村居民迁移投资对城乡收入差距也具有显著的负向效应，且对城乡收入差距的贡献最大。（3）城乡居民人力资本投资比值对城乡收入差距具有显著的正向效应，且迁移投资比值对城乡收入差距的贡献最大，其次是教育投资比值。从区域层面来看，各区域城乡居民人力资本投资比值均对城乡收入差距具有显著的正向效应，且东部地区健康投资比值和中部地区教育投资比值均对城乡收入差距具有显著的正向效应，且其贡献程度最大。从时期层面来看，在1997~2002年和2003~2008年间城乡居民人力资本投资比值对城乡收入差距具有基本相同的显著正向效应；1997~2002年和2003~2008年间城乡居民教育投资比值也均对城乡收入差距具有显著的正向效应，且对城乡收入差距的贡献最大。

基于上述研究结论，针对目前中国城乡居民收入差距较大的现状，基于人力资本投资视角，提出缩小城乡收入差距的政策着眼点主要在于加快农村居民人力资本投资，实现城乡居民人力资本投资水平的趋同。因此，首先需要加大农村居民人力资本投资力度，提高农业劳动生产率和非农生产参与程度，增加收入水平，进而缩小城乡收入差距。具体措施包括：（1）需要重视农村卫生医疗保健事业，加强农村健康教育宣传、完善农村健康保障制度和发展农村医疗卫生服务体系，增加农民健康投资力度。（2）教育投资作为影响农民收入增长和城乡收入差距的关键变量，需要从基础教育、职业教育和远程教育等三方面加强对农民的教育投资力度。(3) 注重引导和规范农民向城镇合理流动和有序迁移，深化户籍制度改革、加强城乡劳动力就业市场建设和消除就业歧视，以消除城乡居民流动的障碍，保障农村居民迁移投资水平。此外，还需要注重城乡居民人力资本均等化，以实现城乡居民人力资本投资水平的趋同。具体措施包括：(1) 整合城镇居民基本医疗保险和新型农村合作医疗两项制度，建立统一的城乡居民基本医疗保险制度；(2) 在整合农村义务教育经费保障机制和城市义务教育奖补政策的基础上，建立城乡统一、重在农村的义务教育经费保障机制，同时，注重加强城乡义务教育一体化改革发展，实现城乡基本公共教育服务均等化；(3) 加快推进以人为核心的城镇化，引导人口流动的合理预期，畅通落户渠道，努力实现农业转移人口和其他常住人口在城镇落户，真正推进人口在区域间的自由迁移。

目　录

第一章

引　　言

第一节　研究背景及意义

一、研究背景

随着中国经济持续快速增长，居民收入差距呈现出不断扩大的趋势，其中城乡居民收入差距的贡献较大（李实等，1998；Kanbur et al.，1999）。中国是一个城乡二元经济结构特征明显的国家，即高生产率、高工资的城市工业部门与低生产率、低收入的传统农业部门并存，长期执行城市偏向的经济政策导致了城乡居民收入差距较大（Yang，1999；Chen，2002；陆铭、陈钊，2004）。改革开放以来，中国城乡收入差距经历了一个先缩小后扩大、再缩小再扩大、然后再开始缓慢缩小的阶段。根据《中国统计年鉴》公布的数据来看，中国城乡居民收入差距从1978年的2.57∶1缩小至1983年的1.82∶1，之后开始逐渐扩大至1994年的2.86∶1，继而逐渐缩小至1997年的2.47∶1，然后继续扩大至2009年的3.33∶1，最后开始逐渐缓慢缩小至2013年的3.03∶1，但是其差距仍然相对较高。如果再考虑城镇居民在公有住房、医疗、教育、社会保障等方面所获得的各类隐性补贴远远高于农村居民，城乡居民收入差距会进一步扩大（李实、罗楚亮，2007）。从发展趋势来看，中国城乡收入差距变动趋势并不符合库茨涅兹所提出的“倒 U 型假说”（李实、李婷，2010），还没有出现明显缩小的迹象。从世界范围来看，中国的城乡居民收入差距要远远高于许多其他国家（Knight & Song，1999）。因此，如何缩小中国城乡收入差距成为目前学术界研究的重要课题。

作为影响城乡收入差距的重要因素，人力资本在劳动力市场中的作用主要是以经济回报的形式体现的。人力资本投资会直接增加居民的人力资本水平，进而增加居民的收入水平和城乡收入差距。从城镇居民层面来看，城镇居民的人力资本投资会增加其人力资本水平，进而影响收入水平和城乡收入差距；从农村居民层面来看，农户人力资本投资也会直接影响农民人力资本水平，进而影响其收入水平和城乡收入差距。根据人力资本理论，可以将人力资本投资分为健康投资、教育投资和迁移投资。健康投资一方面提高居民劳动生产效率，增加居民产出，提高居民的经济生活水平；另一方面提高劳动力参与程度，促进居民就业水平和程度，增加居民收入水平。教育投资一方面提高居民的就业技能和劳动生产率，增加其收入水平；另一方面增强知识和信息的获取能力，影响居民就业的区位选择、流动距离和就业稳定性，从而增加居民就业收入。迁移投资有利于提高居民就业技能和劳动生产率，提高居民就业能力，增加居民收入水平，进而影响城乡收入差距。因此，本书从居民视角出发，探讨居民人力资本投资及其结构对城乡收入差距的影响。

二、研究意义

城乡收入差距是影响社会稳定和经济健康持续发展的重要问题，是实现中国和谐社会建设和城乡共同富裕的关键所在。因此，研究城乡收入差距问题，提出缩小城乡收入差距的政策建议，既可以促进经济全面健康发展，又可以促进社会和谐稳定，注重社会和经济公平，促进城乡经济协调发展，因而本书具有重要的现实意义。

现有人力资本理论研究，研究侧重点主要在于强调教育的作用和健康的影响，过多地关注人力资本数量而忽视了人力资本结构。因而，本书根据人力资本理论将其具体划分为健康投资、教育投资和迁移投资三个方面，将三者作为人力资本投资的具体构成形式，将其纳入柯布－道格拉斯生产技术组合生成人力资本函数，不仅重视人力资本投资总体数量，而且体现了人力资本投资结构，有助于进一步充实和完善人力资本理论。

在目前城乡二元经济结构体制下，本书从微观基础的角度出发考察城乡居民人力资本投资与城乡收入差距，通过构建居民人力资本投资对城乡收入差距影响的理论模型，不仅考察城镇居民人力资本投资对城乡收入差距的影响，而且考察农村居民人力资本投资对城乡收入差距的影响，还进一步考察居民人力资本投资差距对城乡收入差距的影响，为政府部门制定缩小城乡收入差距的政策提供依据。

第二节 文献综述

现有国内外关于人力资本投资和收入差距的文献研究较多，均从多学科、多视角进行了具有针对性的研究，其中主要包括人力资本与农民收入、人力资本与收入差距等方面。

一、人力资本与农民收入

国外学者较早研究农民人力资本投资对农民收入的影响，但主要集中在教育投资对农民收入的影响。吉赛尔（Gisser，1965）利用美国农业部数据研究发现农村地区受教育程度每增加 10%，农业工资率将增加 5%。汉森（Hanson，1971）利用美国伊利诺伊州数据研究发现，拥有较高教育程度的农业经营者会显著增加其非农收入和工资性收入，而对农业收入影响不显著。霍夫曼（Huffman，1980）利用美国爱荷华、北卡罗莱纳州和俄克拉荷马州等 276 个县的数据研究显示增加农民受教育程度可以增加其农业产出和非农工资率。洛可希德等（Lockheed et al.，1980）运用低收入国家数据研究发现，农民受教育程度对农业生产率具有显著的正向效应。法产姆普和基松宾（Fafchamps & Quisumbing，1999）利用巴基斯坦四个区域农户数据研究表明，人力资本对农户收入的影响主要是通过重新分配劳动力，使其从低生产率活动向非农工作转移，拥有受过良好教育的男性家庭通过从事非农工作可以获得更好的非农收入，但并不影响农业生产。艾斯迪斯和小冢（Estudillo & Otsuka，1999）利用菲律宾农户调查数据研究发现学校教育等人力资本可以促使农户进入城市劳动力市场，增加非农收入。巴雷特（Barrett et al.，2001）运用非洲农村数据研究表明，农民受教育程度对非农收入具有重要影响。黑崎（Kurosaki，2001）利用巴基斯坦农户宏观面板数据研究发现具有较高教育程度的男性从事非农工作的回报率较高，对农业收入的影响较小，但初级教育对农业生产率影响显著。

也有国外学者注意到健康投资和技能投资对农民收入的影响。斯特劳斯（Strauss，1986）利用塞拉利昂数据表明热量摄入可以显著提高农业劳动生产率。乔利夫（Jolliffe，1998）运用加纳数据研究发现认知技能对家庭总收入和非农收入具有正向影响，而对农业收入不具有显著影响。此外，国外学者也针对中国农户进行了专题研究。杨和安（Yang & An，2002）利用中国农户数据研究发现学校教育和经验等人力资本促进部门间农户劳动力投入使用，对总产出的贡献达到27%。张等（Zhang et al.，2002）研究表明教育水平在决定劳动力转移到工业部门方面发挥越来越重要的作用。泰勒等（Taylor et al.，2003）利用中国农户调查数据的计量结果表明劳动力迁移对农户种植收入具有负面影响，参与迁移农户比不迁移农户的人均收入增加16%～43%。

国内学者也充分意识到人力资本投资有助于提高农民就业能力，增加农民收入。现有文献主要以宏观统计数据为基础，运用时间序列数据研究农户人力资本投资与农民收入之间的关系以及农户人力资本投资的区域差异。张衔等（2005）运用1986～1999年的时间序列数据，研究证实了农户人力资本投资对增加农户收入的决定性作用，而且东中西部地区农户人力资本投资行为存在一定的差异。黄乾（2005）研究发现中国农户人力资本投资处于一个较低的均衡状态，教育投资和健康投资仍是农村社会经济发展的薄弱环节，而且农户人力资本投资存在明显的地区差距。郭志仪和常晔（2007）运用1983～2005年的时间序列数据，研究表明农户健康投资抑制了农民收入增长，教育投资对农民增收的正影响最大，迁移投资显著促进农民收入增长。李宪印和陈万明（2008）运用1993～2005年的面板数据，研究发现中国中西部地区农户的健康和教育投资都富有收入弹性并明显高于东部地区，东中西部地区的迁移投资都比较富有收入弹性。赵海和彭代彦（2009）运用1985～2007年时间序列数据，研究发现教育投资和迁移投资对工资性收入有显著的正效应，而健康投资对工资性收入的影响并不明显；在人力资本投资对工资收入的影响中，教育对工资收入的影响最大，迁移投资次之，健康投资的影响为负。李宪印和陈万明（2009）运用1980～2006年时间序列数据，研究发现农户人力资本投资和非农收入之间存在长期均衡关系，农户的教育、健康和迁移投资是非农收入增长的格兰杰原因。胡阿丽和王征兵（2012）运用1980～2008年全国农村住户调查数据，研究发现农户的教育、健康、迁移投资以及农户的非农收入存在长期稳定的均衡关系，农户的教育投资以及迁移投资与农户非农收入为双向格兰杰因果关系，但是健康投资为农户非农收入的单向格兰杰原因，教育投资对于农户非农就业有显著的正向影响，而健康与迁移投资对农户非农收入影响不稳定。吕娜和邹薇（2015）研究发现在全国范围内健康人力资本对居民短期和长期收入存在显著正效应，而农村居民健康人力资本仅对短期收入具有显著促进作用。姚旭兵等（2015）研究表明农村人力资本对农民收入的影响存在显著的区域异质性：在经济不发达区域，农村人力资本的提升能够显著增加农民收入；在经济次发达区域，提升农村人力资本只能缓慢促进农民收入；而在发达区域，农村人力资本提升对农民收入增长的影响是负向的。程名望等（2016）采用2003～2010年全国农村固定观察点微观面板数据，研究发现健康、基础教育、技能培训和工作经验所体现出的人力资本对农户收入增长有显著作用，总贡献率为38.57%。其中，健康和基础教育是影响农户收入的核心人力资本变量；人力资本主要是通过劳动性收入对农户收入产生影响，对以外出务工收入为核心的工资性收入的回报率和贡献率最为显著；随着农村市场化改革推进，人力资本对农户收入的回报率和贡献率却均呈现弱化趋势。刘魏等（2016）实证研究结果显示农村人力资本和农村居民收入均具有较强的空间溢出效应，且农村人力资本投资对农村居民收入的影响主要来自人力资本投资的溢出效应，其溢出效应占到总效应的96.26%。

同时，也有不少国内学者着重从人力资本投资结构（包括健康投资、教育投资和迁移投资等）视角分析人力资本投资对农民收入的影响。

在健康投资方面，现有文献主要分析健康投资与农户收入之间的关系。张车伟（2003）研究发现营养和健康直接影响农村的劳动生产率，是制约农民收入增加的重要因素。魏众（2004）研究发现健康对劳动参与和非农就业参与具有显著的作用，提高健康资本存量对于农民获得非农就业机会具有重要的作用。于大川和潘光辉（2013）基于中国健康与营养调查的面板数据和固定效应模型，研究中国农村地区农户健康人力资本对种植业收入的影响，结果表明几乎所有的健康测量指标都影响到农户的种植业收入，但不同健康指标的影响存在差异性。栾斌和杨俊（2015）以格罗斯曼（Grossman）健康需求函数为理论基础，研究表明中国农村居民的健康人力资本与居民收入之间存在库兹涅茨效应，即随着收入的增加，健康人力资本呈现出先下降后上升的发展趋势，两者之间存在“U”型关系。俞福丽和蒋乃华（2015）研究结果表明，在机械化程度不高或机械不能代替劳动力的地区，健康对农村居民的种植业收入有显著正向影响；在机械化程度高或农业机械可以代替劳动力的地区，健康对农村居民的种植业收入没有显著影响。

在教育投资方面，现有文献主要研究教育水平对非农就业和非农收入的影响。赵耀辉（1997）研究表明教育程度对农村劳动力选择农村非农业就业和外出就业均具有显著影响。都阳（1999）研究表明教育对农户是否参与非农就业工作有显著的影响。任国强（2004）实证分析结果表明农民劳动力文化程度越高越倾向非农就业，获得的非农收入也越高。陈玉宇和邢春冰（2004）实证研究表明教育水平在农村劳动力转移的过程中作用显著，而且教育水平增加一年，劳动者到工业部门工作的机会增加1.5%～3.2%。徐辉和黎东升（2011）研究表明教育型人力资本对农民纯收入和农业收入的影响具有明显的正效应。黄斌和钟晓琳（2012）基于2009～2010年浙江、安徽和陕西三省六县的农村入户调查数据研究中国农村地区教育与个人收入之间的关系，实证结果表明中国当前农村地区个人教育收益率已经达到一个较高水平，在运用工具变量法纠正内生性低估问题后，收益率估计结果达到13.1%，且农村地区后义务教育收益率远高于义务教育收益率，而普通教育收益率显著低于职业教育与培训收益率。柳光强等（2013）将教育质量纳入明瑟尔收入函数之中，利用2000～2008年的省级面板数据，从不同层面分别验证教育数量和教育质量对农村居民收入的影响。研究结果表明：教育数量和教育质量均对农村居民收入有显著的影响，相比较而言，东部地区教育质量的收入效应大于中西部地区，中西部地区教育数量的收入效应大于东部地区，即东、中、西部地区的教育发展具有阶段性特点；从不同收入来源的构成来看，家庭经营收入和财产性收入受教育质量的影响大于受教育数量的影响，而工资性收入和转移性收入的受影响情况却恰恰相反。栾江等（2014）利用甘肃、陕西两个西部省份大样本农户抽样调查数据，研究表明西部农村地区的明瑟尔教育回报率为2.7%～3.9%，且中等职业教育更有利于提高农村劳动者的非农收入水平，西部农村地区教育资源没有得到最优配置。方超和黄斌（2017）利用中国居民收入项目调查数据，基于明瑟尔收益函数，研究发现：教育年限与工资收入存在正向关，农村居民受教育程度提高推动工资收入上涨；农村居民整体教育回报率为14.3%，女性工资收益率为17.8%；教育收益率随工资分位的上升而下降，表明教育人力资本投资能够有效缩小农村居民的工资性收入差距，但其实质是义务教育普及所致，客观上造成了次级人力资本的壅塞现象。

在迁移投资方面，现有文献主要研究迁移投资对改善农民收入的作用。蔡昉（2003）认为农村劳动力向城市部门转移，可以改变城乡资源配置格局，提高农民收入。都阳和朴之水（2003）研究表明农村劳动力向城市地区的迁移是缓解地区贫困的重要因素，迁移劳动力获得更高的收入，也改善其他家庭成员的福利水平。王卫等（2007）研究证实劳动力迁移可以大大提高迁移劳动力的收入水平。樊琦和韩民春（2009）利用20个省份面板数据，研究表明农村劳动力流动成本对农民收入影响十分显著，工资性收入对经济发达地区农民收入增长贡献明显低于经济不发达地区，降低农村劳动力流动成本、增加经济不发达地区农民工资性收入、拓宽经济不发达地区农民收入来源是缩小地区间农民收入差距的根本途径。甄小鹏和凌晨（2017）利用2010年中国家庭追踪调查数据，研究发现农村劳动力具有异质性，不同特征劳动力外出务工对家庭收入的影响存在显著差异；且考虑异质性后，一个外出务工和一个在家劳动的劳动力对家庭收入的平均贡献率分别为23.8%和22.5%，这表明外出务工扩大了农村内部收入差距。

二、人力资本与收入差距

国外学者较早注意到人力资本对居民收入分配和收入不平等的影响。舒尔茨（Schultz，1960）、贝克尔和奇西克（Becker & Chiswick，1966）和明瑟尔（Mincer，1974）的人力资本模型均涉及人力资本投资对收入分配的影响。中国城乡收入差距不断扩大是在特定的二元经济结构背景下产生的，受到城市偏向政策、要素市场扭曲、城市化、经济开放、金融发展和人力资本等多种因素影响（周端明、蔡敏，2008）。人力资本在劳动力市场中的作用主要是以经济回报的形式体现的，因此，人力资本的城乡差异会影响城乡收入差距。郭剑雄（2005）认为人力资本的趋同将导致城乡居民人均收入的“绝对收敛”，因此提高农村居民的人力资本水平有助于缩小城乡居民收入的收入差距。李勋来和李国平（2005）认为城乡收入差距的深层次原因是由于城乡人力资本的差距造成的，因此平抑城乡收入差距应从平抑城乡人力资本的差距入手，打破农村人力资本形成过程中的“教育贫困”恶性循环，重建人力资本形成的“循环累积”机制与城市人力资本的双向流动机制。李实和宋锦（2010）采用1988年和2007年中国住户收入调查数据，研究表明城镇劳动力市场对就业者人力资本的回报显著提高是收入不平等扩大的主要贡献因素。胡荣才和冯昶章（2011）利用1995～2008年省级面板数据，研究表明城乡人力资本差距是影响城乡居民收入差距的重要原因，其中城乡基础教育的差距和城乡教育投入差距是影响城乡人力资本差距的主要原因。韩其恒和李俊青（2011）研究表明城乡人力资本积累水平差距造成城乡收入差距呈现单调上升的趋势。焦斌龙（2011）认为随着人力资本投资增加，居民个体人力资本存量积累通过扩张效应、平等化效应、缩减效应和错位效应影响居民间的收入差距，带来了人力资本对居民收入差距的存量效应，形成了人力资本存量与居民收入差距在不同经济发展阶段的“倒U形曲线”；且实证研究表明，中国目前正处于工业化中期，处于“倒U形曲线”的左侧，人力资本存量对收入差距的扩张效应大于平等化效应，呈现出随着人力资本投资增加，居民收入差距扩大的态势。罗楚亮和王亚柯（2012）根据住户调查数据，在收入函数的基础上讨论了1995年、2002年和2007年的城镇居民收入差距特征及收入差距变动的影响因素，研究表明城镇居民收入差距表现出上升趋势，其中受教育程度是收入差距扩大的重要解释因素。岳意定和宋善炎（2013）研究发现中国城乡人力资本不平等会使得城乡居民收入不平等，而人力资本不平等使城乡居民收入差距逐步拉大。杨晓军（2013）运用中国1993～2010年省级面板数据考察农户人力资本投资对城乡收入差距的影响，研究发现农户人力资本投资与城乡收入差距存在长期均衡关系；从全国层面来看，增加农户人力资本投资会扩大城乡收入差距，但随着时间推移，增加农户人力资本投资尤其是教育投资有助于缩小城乡收入差距；从区域层面来看，东部地区农户人力资本投资对城乡收入差距具有负向效应，中部地区教育投资和迁移投资对城乡收入差距具有负向效应，西部地区农户人力资本投资对城乡收入差距具有正向效应，说明经济发展水平越高的地区，增加农户人力资本投资越有助于缩小城乡收入差距。黄小明（2014）运用中国1985～2012年的农民工、农民、制造业和农林牧副渔的收入数据和数理模型分析收入差距、农村人力资本深化以及城乡融合的相互关系，研究表明农村人力资本深化使得农民工、农民、制造业和农林牧副渔的收入差距存在逐渐缩小的收敛性特征，收入差距的收敛性促进了城乡融合。韩东林和付鹏（2014）实证分析发现，无论在全国范围内还是在区域范围内，中国城乡居民收入差距均没有随着城乡居民人力资本投入差异的缩小而降低。贺寨平（2015）利用2006年中国综合社会调查数据，研究东部和中西部人力资本对中国城市居民收入不平等的贡献，结果表明东部和中西部差别微小，其中教育程度的影响，发达地区要大于不发达地区，而经验的影响则正好相反。高远东和张娜（2016）实证研究表明城镇化发展可促进农村人力资本水平的相对提高，导致城乡人力资本差距缩小，间接促进城乡居民收入差距的缩减。李黎明和许珂（2017）使用2006年中国综合社会调查数据，研究表明人力资本对收入差距起收敛作用，且其和社会资本对收入具有联动效应。

现有研究更多地关注城乡居民间由于教育差异所造成的人力资本差异对城乡收入差距的影响。奇西克（Chiswick，1971）利用跨国数据研究表明收入差距会随着教育差距的扩大而扩大。格雷戈里奥和李（Gregorio & Lee，2002）利用1960～1990年跨国面板数据研究发现教育因素对收入分配具有影响，收入不平等会随着教育不平等程度的加深而加深。姚先国和赖普清（2004）研究发现中国城乡教育回报率存在明显差异，城市工的教育回报率为8.6%，明显高于农民工的4.2%。白雪梅（2004）利用1982～2000年中国数据研究表明教育与收入不平等之间存在密切的稳定关系，而且教育不平等会加剧收入不平等。杜鹏（2005）利用1995～2002年中国数据实证分析发现目前中国教育的拓展是居民收入差距拉大的重要原因，教育拓展随着教育年限的延长起了扩大收入差距的作用。杨俊等（2008）研究发现教育不平等与收入分配差距并非简单线性关系，但教育扩展有利于教育和收入不平等的改善。陈斌开等（2009）基于中国居民营养和健康调查数据，定量考察1990~2005年间教育对中国城镇居民劳动收入差距及其演变的贡献，研究表明教育的贡献总体上趋于增大。冯云和王维国（2010）利用1995~2008年数据研究发现地区财政教育经费投入差距与地区居民收入差距之间具有高度的正相关性，缩小教育投入差距有助于阻止地区居民收入差距继续扩大，而且各地在高等教育和初等教育投入上不均等是造成中国当前地区居民收入差距产生和扩大的重要原因。陈斌开等（2010）利用2002年中国居民收入调查数据研究表明教育水平差异是中国城乡收入差距最重要的影响因素，其贡献率达到34.69%。熊广勤和张卫东（2010）借鉴比奇（Beach）提出的分位数法构建时间序列模型，利用中国农村1993~2007年的数据，研究表明中国农村教育的不平等会加剧收入的不平等，或者说教育的均等化会改善收入分配状况，且平均受教育年限与收入不平等之间表现为正相关关系。刘渝琳和陈玲（2012）实证研究结果显示公共教育制度并没有发挥其缩小收入再分配的功能，反而扩大了城乡收入差距。王晓清和刘东（2012）研究发现平均受教育年限与城乡收入差距呈"倒U型"曲线关系，中国现阶段平均受教育年限扩大了城乡收入差距。张伟和陶士贵（2014）运用中国1990~2011年数据研究表明，城乡教育支出差距、城乡食品支出差距与城乡医疗支出差距的扩大都会加剧城乡收入差距。王朝明和马文武（2014）实证研究表明城乡教育发展不均衡，即偏向城市的教育资源投入发展会扩大城乡收入差距，缩小城乡教育发展差距有利于缩小城乡收入差距。朱金霞等（2014）基于中国健康与养老追踪调查（CHARLS）的调研数据，研究表明劳动者的教育是城乡收入差距产生的一个重要原因。吕炜等（2015）实证研究结果表明城乡教育不平等将会加剧城乡收入差距，城乡收入差距也会促使城乡教育不平等的程度进一步加大；缩小城乡初中教育经费的差距可以有效地降低城乡教育不平等和城乡收入差距，而缩小城乡小学或高中教育经费的差距对降低城乡教育不平等和缩小城乡收入差距并无显著作用。陈永伟和陈双双（2015）研究发现城镇居民收入差距扩大主要是由大学及以上教育程度的回报上升所致。杨娟等（2015）研究发现除天生禀赋外，义务教育是影响收入差距和代际流动性的最主要原因，且来自不同收入水平家庭的子女尽管初始能力的差距不大，但家庭的教育选择和公共教育政策却使得其最终的人力资本和收入在代际内的差距加大，并固化了收入在代际间的相关性。此外，贫困家庭由于受预算约束限制，对孩子的早期教育投入较少，使得其子女在义务教育阶段获得的人力资本存量较低，并进一步导致其高等教育参与率较低，这是收入差距扩大的根本原因。李祥云等（2016）实证结果发现中国教育分布越平等，居民收入差距越小，而居民平均受教育年限与居民收入差距之间存在“倒U型”关系，且促进教育分布公平和扩大中高等教育规模都能缩小居民收入差距。詹国辉和张新文（2017）基于人力资本理论视角建构教育资本与收入差距的理论框架，利用全国面板数据和格兰杰因果关系检验，发现教育资本对城乡收入差距存在显著影响；然后利用阈值的协整检验和再估计结果表明，教育资本与城乡收入差距的影响效应是非线性关系，即在1.1364的阈值水平区间内教育资本对城乡收入差距产生正向性效应，而超过此阈值水平的影响效应则是负向性的。当然，也有学者认为教育差距对于收入差距没有显著影响（Ram，1989）。

有些学者提出政府城乡教育投入差异影响城乡教育差距，进而影响城乡收入差距。陈斌开等（2010）研究发现城市偏向的教育经费投入政策是城乡收入差距扩大的重要决定因素。冯云和王维国（2010）研究发现地区财政教育经费投入差距与地区居民收入差距之间具有高度的正相关性。同时，城乡居民教育投入差距也会影响城乡教育差距。刘云忠和徐映梅（2007）研究发现城乡居民教育投入差距每提高1%，将使城乡教育差距扩大约4.0%。

也有学者关注到迁移投资对缩小改善城乡收入差距的作用。蔡昉（2003）认为农村劳动力向城市部门转移，可以改变城乡资源配置格局，提高农民收入，进而缩小城乡收入差距。赵伟和李芬（2007）研究表明高技能劳动力的地区集聚更倾向于扩大而非缩小地区收入差距，而低技能劳动力流动有助于延缓地区收入差距的扩大，并用经验数据进行了印证。王卫等（2007）研究证实劳动力迁移可以大大提高迁移劳动力的收入水平，对于缩小地区、城乡之间以及不同人口特征的收入分配差距具有积极作用。蔡昉和王美艳（2009）研究表明劳动力流动没有缩小城乡收入差距，其原因在于现行的调查制度不能覆盖“常住流动人口”，从而在住户统计中低估了这个群体的收入，造成城市收入水平的夸大和农村收入水平的低估。张卓妮和吴晓刚（2010）研究发现农村劳动力人口的迁入有助于降低区内的收入不平等，而迁出则起相反的作用。张义博和刘文忻（2012）利用1996～2006年的省级宏观面板数据和1995年、2002年的中国家庭收入调查（CHIP）微观数据，研究表明城市化和更多的农村劳动力进入城镇单位工作对城乡收入差距影响不显著。廖显浪（2012）研究表明我国劳动力流动确实缩小了城乡收入差距，但城市经济的快速发展又扩大了城乡收入差距，从而劳动力流动规模与城乡收入差距不断扩大。蔡武等（2012）研究表明产业集聚、劳动力流动等因素通过影响本省区城乡差距，进一步将作用传递和迭加到相邻省区城乡差距之上，且城市产业集聚过程中我国农村劳动力流动对城乡居民收入的影响目前尚处于极化效应阶段，农村劳动力流动通过加速城市产业集聚扩大了城乡收入差距。李宾和马九杰（2013）将城镇化过程中的劳动力流动分为农村非农产业就业阶段、进入城镇常住就业阶段和迁移取得城镇户籍阶段，模型分析结果表明：第一阶段劳动力流动能够明显缩小城乡收入差距，第二阶段劳动力流动不明显地扩大了城乡收入差距，第三阶段劳动力流动也能够明显缩小城乡收入差距，三个阶段劳动力流动的综合影响是能够明显缩小城乡收入差距。谢冬水（2014）发现在其他条件不变的情况下，不完全的农地转让权对劳动力迁移和城乡收入差距具有显著影响，改善农地转让权有利于推动劳动力永久迁移并能显著缩小城乡收入差距。朱子云（2014）利用中国1995～2011年研究表明城镇化进程中农村“三高”（高素质、高技能、高收入）就业人口加速向城镇迁徙是影响城乡居民人均收入差距过大的重要原因。赵连阁等（2014）基于新经济地理模型和2002～2011年统计数据，研究表明普通劳动力面临的迁移壁垒是地区间收入差距扩大的重要因素。孙华臣和卢华（2014）研究表明劳动力地市内迁移有利于缩小城乡收入差距，省内其他地市迁入和外省迁入对迁入地城乡收入差距的作用相反，但影响均不显著。邵宜航等（2016）基于我国城市数据的计量检验表明，由于流动劳动力的整体受教育水平较低，目前我国劳动力流动仍然会扩大城市内部收入差距，而当流动劳动力中接受高等教育的比例超过一半时，劳动力流动则可能缩小城市内部收入差距。梅新想和刘渝琳（2016）运用中国 1990～2012 年省级面板数据和联立方程模型，研究表明劳动力流动是农民人均工资性收入及份额提高的重要途径，增加地区的农民人均工资性收入份额是改变城乡收入差距空间格局的重要手段。因此，流入地中城乡收入差距大的地区可以通过吸引更多农村流动劳动力而改善本地区的城乡收入差距，流出地则可以通过增加更多的流出人口缩小该地区的城乡收入差距。然而从流入地农民人均工资性收入在区域间所占比重看，容易形成“城乡收入差距大—农民工资性收入份额低—城乡收入差距大”的恶性循环。刘慧等（2017）运用 1994～2013 年的省级面板数据，研究发现劳动力流动能缩小城乡收入差距且具有门槛效应。

但是，由于存在农村人力资本外溢现象，城乡收入差距也会随之扩大。侯风云和张凤兵（2007）实证证明了长期的农村人力资本外溢会导致城乡差距的扩大。朱长存和马敬芝（2009）也验证了农村劳动力转移过程中人力资本的溢出是导致城乡收入差距持续扩大的重要因素。陈兴述和李勋华（2011）研究表明重庆市农村人力资本外溢对城乡收入差距的影响巨大，当前超过三成的城乡收入差距是农村人力资本外溢效应带来的。龙翠红和洪银兴（2012）研究表明农村人力资本的大规模外溢引起了城乡居民收入差距的扩大，而城乡居民收入差距的扩大又会导致农村人力资本的进一步外溢；由于农村人力资本外溢，农村劳动力转移并不是缩小城乡收入差距的充分条件。

三、文献述评

通过现有文献可以看出，居民人力资本投资对城乡收入差距具有重要影响。因此，本书在构建居民人力资本投资及其结构与城乡收入差距理论模型的基础上，建立计量分析模型，运用1997～2013年省级面板数据具体考察居民人力资本投资及其结构对城乡收入差距的影响效应，以确保获得稳健的研究结论。本书的创新之处在于：一是以引入人力资本的索罗模型（MRW模型）和依据柯布—道格拉斯生产技术组合生成人力资本函数为基础，构建居民人力资本投资及其结构与城乡收入差距理论模型；二是考虑城镇居民和农村居民人力资本投资差异，分析城乡居民人力资本投资及其比值对城乡收入差距的影响效应；三是充分考虑居民人力资本投资结构，不仅研究居民人力资本投资对城乡收入差距的影响效应，而且分别研究健康、教育和迁移投资对城乡收入差距的影响效应；四是考虑中国地区间居民人力资本投资及其结构和城乡收入差距存在较大差异，在进行全国整体研究的基础上，按照东部、中部和西部三大地区进行分组，分别研究在不同地区居民人力资本投资及其结构对城乡收入差距的影响；五是考虑中国城乡居民人力资本投资与城乡收入差距的阶段性特征，分别从1997～2002年、2003～2008年和2009～2013年三个时期进一步探讨居民人力资本投资及其结构对城乡收入差距的影响。

第三节　理论基础

一、人力资本理论

人力资本理论的最初萌芽可追溯到威廉·配第关于"土地是财富之母，劳动是财富之父"的论述，这可以说是人力资本思想的最早表述。但真正形成比较完善的人力资本理论则要追溯到20世纪60年代，其主要代表人物有：舒尔茨、明瑟尔、贝克尔等。

（一）舒尔茨的人力资本理论

舒尔茨1960年在美国经济学会年会上所发表的题为《人力资本

投资》的著名演讲，第一次对人力资本作了系统论述，在学术界引起了轰动，并由此掀起了人力资本理论研究的热潮，因此被誉为“人力资本之父”。

舒尔茨把资本分为物质资本和人力资本两种形式，认为人力资本是通过对人力的投资而形成的资本，是指凝集在劳动者本身的知识、技能及其所表现出来的劳动能力，它是现代经济增长的主要因素，是一种有效率的经济。在《人力资本投资》一书中，他把人力资本投资范围和内容归纳为五个方面：（1）卫生保健设施和服务的开支，概括地说包括影响人的预期寿命、体力和耐力、精力和活动的全部开支；（2）在职培训，包括由商社组织的旧式学徒制；（3）正规的初等、中等和高等教育；（4）不是由商社组织的成人教育计划，特别是农业方面的校外学习计划；（5）个人和家庭进行迁移以适应不断变化的就业机会。其中前四项是增加一个人所拥有的人力资本数量，而后一项则涉及最有效的生产率和最能获利地利用一个人的人力资本。在提出人力资本投资理论后，舒尔茨采用收益率法测算了人力资本投资中最重要的教育投资对美国 1929～1957 年间的经济增长的贡献，其比例高达 33%。这一结果被广泛引用，作为说明教育经济作用的依据。

舒尔茨的人力资本理论有五个主要观点：第一，人力资本存在于劳动者本身，表现为知识、技能、智力、体力（健康状况）价值的总和。一个国家的人力资本可以通过劳动者的数量、质量以及劳动时间来度量。第二，人力资本是投资形成的，投资渠道有五种：包括营养与医疗保健费用、学校教育费用、在职人员培训费用、择业过程中所发生的人事费用和迁徙成本。第三，人力资本增长是经济增长的主要源泉。经济的发展最终取决于人的质量，而不是自然资源和物质资本存量，掌握了知识和技能的人力资源才是最有价值的资源，是推动社会进步的决定性因素。第四，在所有的投资形式中，人力资本投资收益率最高，超过其他一切形态资本的投资收益率。第五，人力资本的“知识效应”使得人力资本投资能产生递增的收益，进而消除了物质资本等要素边际收益递减对经济长期增长的不利影响。

另外，舒尔茨运用人力资本概念分析了战后发达国家经济增长中出现的用传统资本理论无法解释的三个事实，得出了自己的人力资本结论：（1）人力资本的增长不仅比物力资本增长快，而且比收入增长都快；（2）根据统计资料，国民产量的增长比土地和按人时计算的劳动量以及能再生产的物质资本的增长更大；（3）战后发达国家工人工资的大幅度增长，是由于人力资本投资所致，尤其是教育、培训的作用。最基本的资源是人而不是自然提供的。一切经济发展的关键因素都是从人的头脑中产生的。因此，教育、培训是一切资源中最重要的资源。他主张“把教育当作是一种对人的投资，把教育所带来的成果当作一种资本”，“因为受过教育的劳动力比没有受过教育的劳动力更容易获得恰当的经济信息，由这种优势所造成的收益可能就会属于受过教育的人”。舒尔茨的分析有力地证明了人力资本在经济增长中所起的决定性作用：一国人力资本存量越大，人口素质越高（人口受教育程度、科技文化水平和生产能力越高），就越有可能导致人均产出或劳动生产率的提高。这是因为人力资本本身具有收益递增的重要特点，人力资本还会导致其他物力资本生产效率的改善。它可以通过提高劳动者的技能、技术操作的工艺水平，增进物力资本的使用效率。而且，人力资本的不断积累和发展，也可以直接推动物力资本的不断更新。可以说，人力资本是经济增长的原动力。

（二）明瑟尔的人力资本理论

明瑟尔对于人力资本理论的论述如下：每个劳动者都有着不同的学习或是其他方面的资质和兴趣，他们又面对着多种多样的职业选择，所以他们愿意接受的教育水平必定是互不相同的，同时社会对不同职业要求的受教育水平也是互不相同的。

明瑟尔认为，收入分配应该体现出这种差异，即对劳动者先期所支付的教育成本，要通过该劳动者后期的收入分配进行补偿。如果一个劳动者放弃即期收入而选择继续接受教育，这时他的追加教育的价值可以被看作是预期当中将会增加的未来收益的现值。而追加教育的成本，则必须包括由于推迟进入劳动力市场的时间而减少的收入，即机会成本的损失。这种损失通常是相当大的，因为教育投资常常发生在劳动者职业生涯的早期。如果利率足够大的话，这种影响将伴随劳动者职业生涯的始终。基于上述分析，明瑟尔建立了一个线性回归模型：

$$\log y = \log y_0 + rs \tag{1.1}$$

其中，y 代表完成学校教育后的劳动者收入；常数项 y_0 代表未接受教育前劳动者的即期收入；s 代表受教育年限；教育年限的系数 r 代表利率，也可被认为是教育投资的边际收益率。在其 1958 年的文章《人力资本投资与个人收入分配》中，明瑟尔就是利用这一模型论证了为什么收入分配曲线是向右弯曲的，即劳动者受教育水平年限越长，收入越高。同时，他也证实收入不仅仅是劳动力的工资报酬，更是劳动力供给的价格。

后来，明瑟尔对人力资本理论作了进一步的研究。在他 1962 年的文章《在职培训：成本、收益与某些含义》中，他借鉴贝克尔的人力资本计算方法，把人力资本积累划分为正规教育和在职培训两部分，并采用美国 10 年间的教育、年龄和性别组别的统计资料进行分析。他在 1974 年的著作《学校教育、经验与收入》一书中创建了更为完备的劳动力生命周期当中关于人力资本积累的收入模型。这里他把研究的重点放在了个人资料的分析上，极大地发展了贝克尔和查斯维克早先对收入不均等问题的研究成果，主要表现在：

第一，他论证了在劳动者的生命周期当中，收入在总体上总是不断上升的，而且随着年龄的增长出现一种凹型的轨迹。这一年龄—收入曲线是明瑟尔最广为人知的贡献。这里明瑟尔把其研究重点从年龄转向了工作经验，他认为在职培训不仅包括参加明确的项目培训，而且包括实践当中所学习到的经验，即干中学。工作当中的人力资本投资在很大程度上受到市场需求的引导而非年龄的大小。明瑟尔在计算工作经验时采用年龄减去学校教育的年限再减去开始接受教育的时间，这一指标在后来的关于收入的研究中被广泛地采用。明瑟尔的这一从年龄到工作经验的指标转换看上去似乎十分微小，但是却产生了极大的影响效果。

第二，明瑟尔在上面线性回归模型的基础上创立了更完备的能够体现出工作经验对收入影响的二次方程：

$$\log y = \log y_0 + rs + bx + bx^2 \quad (1.2)$$

其中，y 代表劳动者的收入；s 为劳动者受教育年限，少数人工作后接受成人教育而获得的相应学历学位也按当量折算成全日制受教育年限；x 是劳动者的工作经验（年限）。这一模型解释了工作经验对收入呈现二次曲线关系，即收入在某个工龄点达到峰值后，随着年龄继续增加，收入开始下降。这一被称为“明瑟尔模型”的方程至今仍在世界范围内被广泛应用，是劳动经济学领域当中研究收入问题的基本模型之一。

明瑟尔收益率是计算教育收益率的一种方法，它是明瑟尔人力资本理论的产物，也是明瑟尔最广为人知及广泛使用的成果之一。

明瑟尔收入函数的基本思想是考察个人收入的变异有多少可以通过人力资本的差异解释。这种方法是根据人力资本推导出的研究收入决定的模型，模型中基本变量是教育和工作经验。此外，这个基本模型还有六个假定，即每个人具有同样能力和进入任何职业的同等机会；各种职业要求的教育程度不同；每个人接受教育的时间加上工作时间是相等的；个人在其工作期间获得数额不变的年收入；不考虑接受教育的直接成本；每个人的终生收入的贴现值在其做出职业选择的时刻是相等的。

明瑟尔收益率指的是教育边际收益率，它反映了在相同工作年限下，受教育者由于多受一年教育而增加的收入。基本公式为：

$$\ln Y = a + bS + cEX + dEX^2 + \mu \quad (1.3)$$

其中，lnY 表示工资或个人收入的自然对数，S 代表受教育年限，EX 为工作年限（以年为单位），那么 EX^2 就代表工作年限的平方，μ 为随机误差项。

明瑟尔收入函数的经济学含义：在不考虑教育直接成本时，系数 a 为截距项，系数 b 是指个人在受教育期间获得的人力资本收益率或机会成本的收益率，系数 c 和 d 是个人在工作经验中获得的人力资本收益率。

明瑟尔成功开创并系统地发展了人力资本理论与分析方法，他运用现代经济学的基本分析工具来研究人力资本生成与发展的过程以及人力资本发展对经济运行过程的影响。其中主要贡献是首次建立了个人收入分析与其接受培训量之间关系的经济数学模型，相较于后人提出的各种复杂模型和方法，明瑟尔方程因其结构简单、操作性强等优点，至今仍是核算人力资本收益率或教育收益率的常用方法。

（三）贝克尔的人力资本理论

美国经济学家贝克尔在分析人力资本时，特别强调在职培训的作用。他认为工人通过直接在生产中学习新技术，固然能够增加人力资本存量，但这个过程非常缓慢，一个比较主动的办法是在职培训。和投资于机器、厂房、设备相比，只要投资于人力资本能取得更高的收益，在职培训对企业来说就是有利的。同时，培训会增加现期的支出，减少现期的收益，但是，如果它可以大幅度地提高未来的收益，或者大幅度地降低未来的支出，企业就乐于提供这种培训。

为了说明这个问题，贝克尔进一步将培训分为两种：一般培训（General Training）和特殊培训（Specific Training）。所谓一般培训，就是职工接受培训所获得的知识、技能，不仅对本企业有用，而且对其他企业也有用。一般性培训普遍提高了接受培训的职工的未来边际生产力。特殊培训又称专门培训，它可以大幅度地提高提供培训的企业本身的生产力的培训，换言之，接受培训的职工所获得的知识、技能等人力资本增进后，对于提供培训的企业之外的其他企业的生产率没有影响，这种培训为提供培训的企业所专用。

在区分了两种不同性质的培训之后，贝克尔进一步指出，一般培训的受益者是职工，因为他所掌握的技术，可以带到其他企业，从而增加职工自己的收入。所以，一般培训的费用，应由职工支付。如果让企业承担，企业就有可能由于雇员的流动而蒙受损失。对于接受专用性培训的职工之所以企业应支付培训费用和较高的工资，是因为企业为了降低受过专用性培训的职工的流动性和害怕该职工离去给企业带来更大损失。由于受过专用性培训的职工具有较多的人力资本，这种人力资本投入生产，可以给企业创造更多的利润和更高的效用，因而使整个企业的劳动生产率较高，所以，企业愿意支付相应的培训费用和较高工资。同时，贝克尔也分析了现实中企业也提供一般性培训的事实，并提出了解释。他认为企业之所以为员工提供一般性培训，原因在于企业可以在培训期间支付低于边际产品的工资来转嫁投资成本，实际上培训费用的承担者依然是职工，但是在培训结束后，企业支付的工资等于边际产品。

与一般培训不同，特殊培训能够产生某些“外在”的影响，因为职工离职使用人单位不能得到他所支付费用的全部收益，而对职工来说，虽然培训期间所得到的工资收入不会像一般培训一样进行部分分担，但遭受解雇后期收入也会因丧失技能优势而下降。虽然这些影响会给提供培训的用人单位的职工或雇主带来外在不经济，但并没有给其他用人单位带来外在经济。因此与没有受过培训或受过一般培训的职工比较，受过特殊培训的职工更不愿意离职而去，而用人单位更不愿意解雇他们。这就意味着离职率与解雇率同所受的特殊培训的多少呈反方向变动的关系。受过非常特殊培训的职工的流动率最小，而受过非常一般的培训，以至于这种培训对提供用人单位的生产率的提高还不如其他用人单位高时，职工的流动性最大。因此在市场经济条件下，用人单位培训投资往往会因职工流动性的增大而减少。

二、收入分配理论

（一）城乡二元结构理论

著名发展经济学家刘易斯于 1954 年发表了《劳动力无限供给下的经济发展》一文，提出了著名的二元经济结构理论。该文分析了劳动力在传统农业部门和现代制造业部门之间流动的特殊现象。他认为，发展中国家经济发展的二元经济结构特征是经济发展过程中自然形成的。他把二元经济社会分为两大部门，即城市中以制造业为中心的现代化部门和农村中以农业、手工业为主的传统部门。传统农业部门的劳动力价格并不是按边际产品价值原则决定的，因此保留着几乎可以“无限供给”的边际生产力为零的劳动力。而现代工业部门是按照资本主义生产方式经营的，企业追求的是利润最大化，因此其对劳动力需求的原则是劳动的边际产值应该大于或等于现行的工资水平。由此可见，两个部门的边际产出是不一致的，现代工业部门的工资水平高于传统部门里的农民收入水平。传统部门存在大量过剩劳动力，而工业部门不存在，这是二元经济结构经济里的一种特有的失业现象。如果劳动力的流动不受限制，传统部门的劳动力必然大量涌向工业部门，经济发展就表现为现代部门通过资本积累而扩张，直到将传统农业部门的“剩余劳动”全部吸收完，此时，二元结构转化成了一元结构。

拉尼斯－费景汉模型是美国经济学家拉尼斯和费景汉在 1961 年合作发表的论文《经济发展理论》中首次提出的，并在 1964 年的合著《劳动力剩余经济的发展》中作进一步的系统阐述。该模型的基础仍是刘易斯模型，但与刘易斯模型不同的是，他们首次将农业部门的发展结合起来，构成了包含工业部门和农业部门发展在内的二元经济结构下的劳动力流动模型。拉尼斯和费景汉认为，农业部门不仅是像刘易斯所指出的能够为工业部门的扩张提供丰富而廉价的劳动力；同时，农业部门还可以为工业部门提供农产品的支持。这种农产品支持被拉尼斯和费景汉定义为农业剩余，是指农产品总量在满足农民消费之后所剩余的部分。拉尼斯和费景汉认为决定农业剩余大小的因素有两个：一是农业部门的农业生产率；二是农业部门的劳动力总量。当农业部门中的劳动力总量在随工业部门扩张而渐渐减少时，如何保持和提高农业剩余的关键就在于农业部门劳动生产率提高上。而农业部门劳动生产率的提高本身就是农业部门自身发展最显著的表现，因此农业部门的发展与工业部门的发展是紧密联系的。正是基于以上认识，拉尼斯－费景汉模型突出研究工农两部门共同发展下的劳动人口流动问题。

20 世纪 60 年代以来，随着许多发展中国家城镇化和工业化进程的开展，农村劳动力流动也呈现出十分复杂的状况。一方面城镇失业问题日趋严重，另一方面农村人口流入城镇的速度反而持续增长，刘易斯－费景汉－拉尼斯模型中城镇充分就业的假定受到越来越多的发展经济学家的质疑。在此情况下，美国发展经济学家托达罗提出了一种新的劳动力流动模式，回答了为什么农村劳动力会不顾城镇失业人口的存在而继续转移的问题，被称为“托达罗模型”。托达罗模型与刘易斯模型、费景汉—拉尼斯模型的出发点和侧重点不同，后两个模型是在城镇充分就业的假定基础上来研究如何加速农业部门劳动力向工业部门转移的问题，而托达罗模型却是面对城镇存在大量失业的现实，探讨怎样放慢农村劳动力流入城镇的速度。托达罗研究发现，农村劳动力进入城镇并不是直接进入城镇现代部门（正规部门）工作，而是先进入城镇的传统部门（非正规部门）工作。这些非正规部门主要是一些规模较小的企业，使用劳动密集型的方式和简单技术的小规模生产。因此，他提出了城镇化过程中的农民在农业传统部门、城镇传统部门和城镇现代部门中就业的三部门框架和两阶段就业过程，即先在城镇传统部门就业，然后以此为过渡，逐步进入城镇现代部门工作。托达罗的预期收益迁移理论可以解释当今发展中国家城镇失业与农村劳动力大量涌入城镇并存现象，即便城镇存在现实失业风险，但只要迁移者能预期未来城镇收入的现值能大于未来农村收入的现值，他就会做出向城镇部门就业流动的决策。

在中国，改革开放前由于执行长时期的“重工业、轻农业、重城市、轻农村”发展策略，使得农村地区发展停滞，极大地落后于城市地区。一系列的政策制度如户籍制度、粮食供给制度等，加大了城乡差别和工农差别，加剧了城乡分割，中国被切成泾渭分明的城市、农村两大板块，城市人和农村人存在巨大差别，而且存在一条难以逾越的鸿沟。日益加大的城乡差别和工农差别不仅不利于社会持续稳定发展，也不利于城市经济的发展，从而影响了区域经济整体的协调发展。中国现在仍然具有典型的二元经济结构特征，主要表现为：城市经济以现代化的大工业生产为主，而农村经济以典型的小农经济为主；城市的道路、通信、卫生和教育等基础设施发达，而农村的基础设施落后；城市的人均消费水平远远高于农村；相对于城市，农村人口众多等。这种状态既是中国作为发展中国家的经济结构存在的突出矛盾，也是中国相对贫困和落后的重要原因。发展中国家的现代化进程，可以说在很大程度上是要实现城乡二元经济结构向现代经济结构的转换。

（二）收入分配理论

收入分配是经济学家普遍关注的一个重要问题，从 20 世纪 50 年代开始，收入分配研究的重心转为个人收入分配不平等与经济增长之间的关系，其中一个重要的理论为库兹涅茨的收入差距理论。

1955 年库兹涅茨在《美国经济评论》发表了著名的论文《经济增长与收入不平等》。该文根据经验数据阐明了经济增长过程中收入分配不平等的变化趋势及其原因。他在分析说明经济发展早期（普鲁士）、经济发展后期（美国、英国、德国）及对比分析发展中与发达国家有限统计数据的基础上，提出了关于经济增长和收入分配不平等的“倒 U 型曲线”或“倒 U 型假说”，他认为“收入分配不平等的长期趋势可以假设为：在前工业文明向工业文明过渡的经济增长早期阶段迅速扩大，而后是短暂的稳定，然后在增长的后期阶段逐渐缩小”。这说明在经济发展的初级阶段，即人均收入从最低水平上升到中等水平时，居民的收入分配状况先趋于恶化，继而随着经济进一步发展，居民收入分配状况逐步得到改善，最后达到比较公平的收入分配状况，呈现出“倒 U 型”特征。即居民收入分配的长期趋势是随着经济发展呈现出先扩大后缩小的趋势，在图形中即表现出“倒 U 型曲线”，如图 1 - 1 所示。

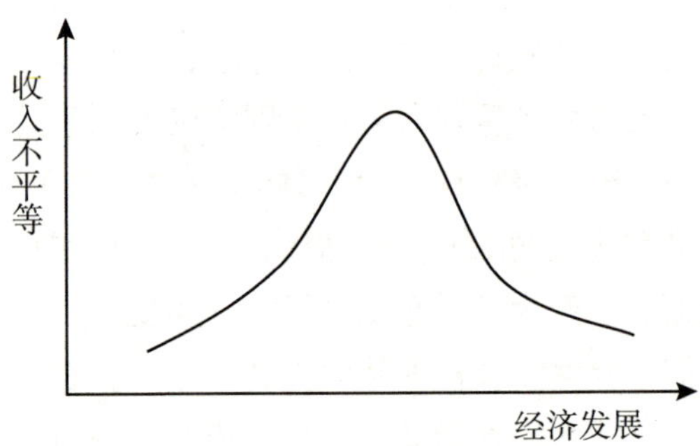

图 1 - 1　库兹涅茨曲线

库兹涅兹认为，在经济发展过程中，一方面，存在着使收入分配不平等扩大的两个主要因素：一是储蓄和积累集中在少数富裕阶层，储蓄又成为其获得更多收入的手段，经济增长必然导致穷富两极分化；二是工业化与城市化水平持续提高，而城市居民收入比农村更加不平等，经济增长必然引起分配差距拉大。另一方面，随着收入差距的扩大，也出现了抑制不平等扩大的因素，如法律约束和国家政策干预、富裕阶层因低生育倾向而占总人口的比重降低、技术进步与新兴产业出现而引起的产业结构调整等。因此，在上述两方面因素的作用下，社会收入分配不平等呈现“倒 U 型”变化趋势，用图形表示即是著名的“库兹涅茨曲线”，该结果成了众多发展经济学实证与理论分析的主题。

此外，库兹涅茨还认为，在工业化之前，城乡居民人均收入相对较低，进而储蓄相对也较低，城乡收入差距相对较小；随着工业化的不断推进，各种要素包括劳动力迅速向工业部门集中，农业劳动力减少，而工业部门劳动力持续增加，且劳动力生产率也增加，造成工业部门收入水平逐渐增加，而农业部门收入增长缓慢，进而收入差距呈现持续扩大的趋势；在工业化后期，随着劳动力不断由农业部门流向非农部门，造成农业部门劳动力持续减少，劳动生产率逐渐提高，农业部门收入水平也逐渐提高，同时工业部门劳动力逐渐饱和，劳动力生产率提升受到限制，工业部门收入水平增长缓慢，两者共同作用有利于缩小城乡收入差距。

第四节　研究框架

一、研究思路

本书以居民人力资本投资与城乡收入差距为基本研究对象，以人力资本理论和收入分配理论为基础，在现有文献综述的基础上，运用时间序列和省级面板数据，首先，从静态和动态分析视角梳理中国居民人力资本投资和城乡收入差距的演变趋势和变化规律；其次，从理论分析视角深入探讨居民人力资本投资对城乡收入差距的影响；再次，运用计量分析模型和方法，从实证检验视角分析中国居民人力资本投资对城乡收入差距的影响；最后，根据上述研究结论，提出加强居民人力资本投资和缩小城乡收入差距的对策建议。具体思路如图1－2所示。

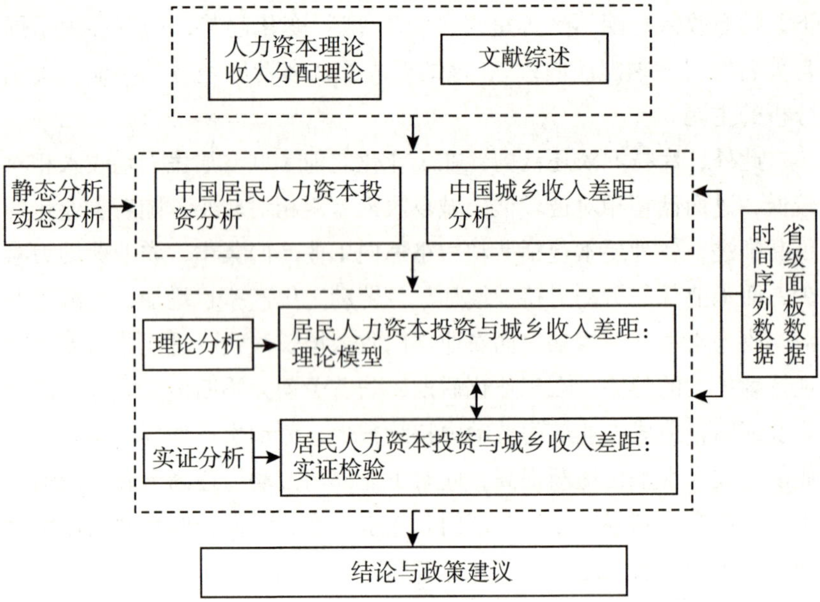

图1－2　研究思路

二、研究内容

根据上述研究思路，提出本书的主要研究内容：

1. 引言。首先提出研究的背景和意义；其次对现有国内外研究成果进行述评，提出研究的思路和框架；再次提出研究的理论基础，包括人力资本理论和收入分配理论；最后提出研究框架，包括研究思路、研究内容、研究方法和创新观点。

2. 中国居民人力资本投资分析。在界定人力资本投资内涵的基础上，将人力资本投资分为健康、教育和迁移投资。利用时间序列和省级面板数据，从全国、区域和收入等级层面，回顾和梳理中国城镇居民人力资本投资及其结构的现状及变动趋势、中国农村居民人力资本投资及其结构的现状及变动趋势、中国城乡居民人力资本投资及其结构的差异。

3. 中国城乡收入差距分析。在测度城乡收入差距的基础上，根据时间序列数据描述全国城乡收入差距的演变趋势；然后从区域和收入等级层面分析中国城乡收入差距的演变趋势及其差异。

4. 中国居民人力资本投资对城乡收入差距的理论分析。以引入人力资本的索罗模型（MRW 模型）和依据柯布 - 道格拉斯生产技术组合生成人力资本函数为基础，构建城乡两部门条件下居民人力资本投资及其结构与城乡收入差距理论模型，分析城乡居民人力资本投资与城乡收入差距动态关系。

5. 中国居民人力资本投资对城乡收入差距的实证检验。根据理论分析结果，构建中国居民人力资本投资对城乡收入差距影响的计量经济模型，运用中国 1997 ~ 2013 年省级面板数据，从全国、区域和时期层面分别研究中国城镇居民人力资本投资对城乡收入差距的影响、中国农村居民人力资本投资对城乡收入差距的影响、中国城乡居民人力资本投资对城乡收入差距的影响，通过实证分析结果对理论模型进行实证检验。

6. 结论与政策建议。基于上述分析结果，提出提升居民人力资本投资和缩小城乡收入差距的政策建议，其重点在于加快农村居民人力资本投资，实现城乡居民人力资本投资水平的趋同。

三、研究方法

根据上述研究思路和内容，提出本书的主要研究方法：

1. 理论分析与实证分析相结合。通过借鉴居民人力资本投资与城乡收入差距的前沿成果，建立研究中国居民人力资本投资与城乡收入差距的初步理论框架，然后采取实证分析方法对理论假设进行检验，修正和完善理论分析框架。

2. 定性分析与定量分析相结合。在定性分析中国居民人力资本投资对城乡收入差距的影响基础上，运用省级面板数据从全国、区域和时期层面定量分析居民人力资本投资对城乡收入差距的影响。

3. 动态分析和静态分析相结合。居民人力资本投资与城乡收入差距是一个长期的过程，不但要对全国、区域和收入等级层面的居民人力资本投资与城乡收入差距进行静态的多层面分析，还要分析居民人力资本投资与城乡收入差距的动态变化过程。

四、创新观点

基于本书研究结论，最终得出一些创新性观点：

1. 中国居民人力资本投资和收入水平呈现持续增长的态势，却存在明显的城乡差异和收入等级差异。

2. 居民人力资本投资是影响城乡收入差距的重要因素；城乡居民收入差距将随着城镇居民人力资本投资的增加而增加，而随着农村居民人力资本投资的增加而减少；城乡居民人力资本投资比值与城乡收入差距呈现正相关。

3. 居民人力资本投资对城乡收入差距的影响存在区域和时期差异。

4. 缩小城乡收入差距的政策着眼点主要在于加快农村居民人力资本投资，实现城乡居民人力资本投资水平的趋同。

第二章

中国居民人力资本投资分析

根据经典的人力资本理论，将居民人力资本投资分为健康投资、教育投资和迁移投资。从人力资本结构来看，健康投资作为最基础的人力资本投资方式，直接影响居民劳动就业时间和劳动生产率，进而影响居民收入增长；教育投资有助于直接提高居民的就业技能和劳动生产率，增加居民的收入；迁移投资主要提高居民的就业技能和劳动生产率，提高居民的就业能力，增加居民收入。

第一节　中国居民人力资本投资状况

一、中国城镇居民人力资本投资状况

城镇居民人力资本投资分别用健康投资、教育投资和迁移投资来表示。根据现有统计资料，健康投资用城镇居民家庭生活消费支出中“医疗保健”来衡量，教育投资用城镇居民家庭生活消费支出中的“文教娱乐用品及服务”来衡量，迁移投资用城镇居民家庭生活消费支出中的“交通和通信”支出来衡量，人力资本投资总额用三者之和来表示。为了准确衡量城镇居民人力资本投资的变动趋势，下面分别按照名义价格和实际价格来进行分析，其中名义价格是当年的价格，而实际价格是根据城镇居民消费者价格指数转化为1993年的不

变价格。所有原始数据均来源于历年《中国统计年鉴》。

（一）全国层面

根据图 2－1 可以发现，中国城镇居民人力资本投资的名义价格总体呈现稳定持续增长的态势，从 1993 年的 331. 53 元/人增加到 2013 年的 6 149. 14 元/人，年均增长率为 15. 72%。从人力资本投资结构来看，健康投资、教育投资和迁移投资均呈现出稳定增长的态势，但是增长速度存在差异。其中，迁移投资的增长速度最快，从 1993 年的 80. 63 元/人增加到 2013 年的 2 736. 88 元/人，年均增长率为 19. 27%，远高于人力资本投资的总体水平；健康投资的增长速度较快，从 1993 年的 56. 89 元/人增加到 2013 年的 1 118. 26 元/人，年均增长率为 16. 06%，略高于人力资本投资的总体水平；教育投资的增长最慢，从 1993 年的 194. 01 元/人增加到 2013 年的 2 293. 99 元/人，年均增长率为 13. 15%，低于人力资本投资的总体水平。

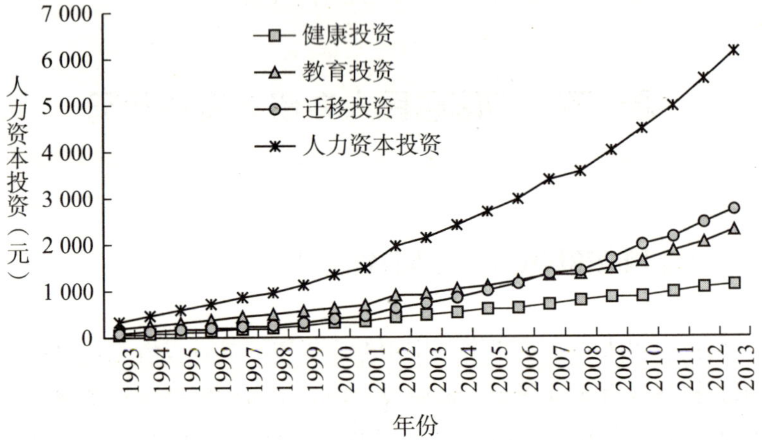

图 2－1　1993～2013 年中国城镇居民人力资本投资的变动趋势（名义价格）

根据图 2－2 可以发现，中国城镇居民人力资本投资的实际价格总体也呈现稳定持续增长的态势，从 1993 年的 331. 53 元/人增加到 2013 年的 2 829. 71 元/人，年均增长率为 11. 32%，低于名义价格的增长速度。从人力资本投资结构来看，健康投资、教育投资和迁移投资也均呈现出稳定增长的态势，但是增长速度同样存在差异，也均低于名义价格的增长速度。其中，迁移投资的增长速度最快，从1993年的80.63元/人增加到2013年的1 259.46元/人，年均增长率为14.73%，远高于人力资本投资的总体水平；健康投资的增长速度较快，从1993年的56.89元/人增加到2013年的514.60元/人，年均增长率为11.64%，略高于人力资本投资的总体水平；教育投资的增长最慢，从1993年的194.01元/人增加到2013年的1 055.65元/人，年均增长率为8.84%，低于人力资本投资的总体水平。对比中国城镇居民人力资本投资名义价格和实际价格的变动趋势可以发现，两者的差异不大，基本呈现出相同的变动趋势。

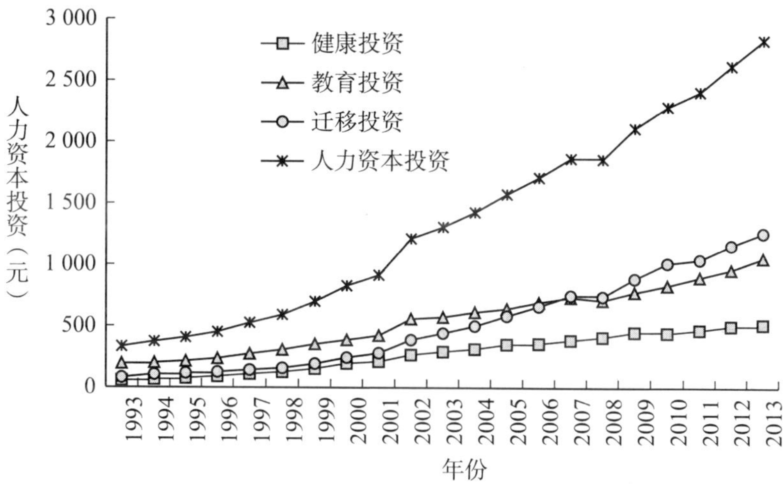

图2-2　1993~2013年中国城镇居民人力资本投资的变动趋势（实际价格1993=100）

根据图2-3可见，中国城镇居民的人力资本投资结构存在较大的差异。具体来看，健康投资比重相对较低，且呈现出先上升后下降的变动趋势，从1993年的17.16%增加到2000年的23.72%，又逐渐下降至2013年的18.19%，其年平均比重为20.67%；教育投资比重相对较高，但呈现缓慢下降的态势，从1993年的58.52%下降至

2013年的37.31%，其年平均比重为44.79%；迁移投资比重保持稳步上升的态势，从1993年的24.32%增长至2010年的44.51%，并从2007年开始超过教育投资，成为比重最高的人力资本投资类型，其年平均比重为34.54%。

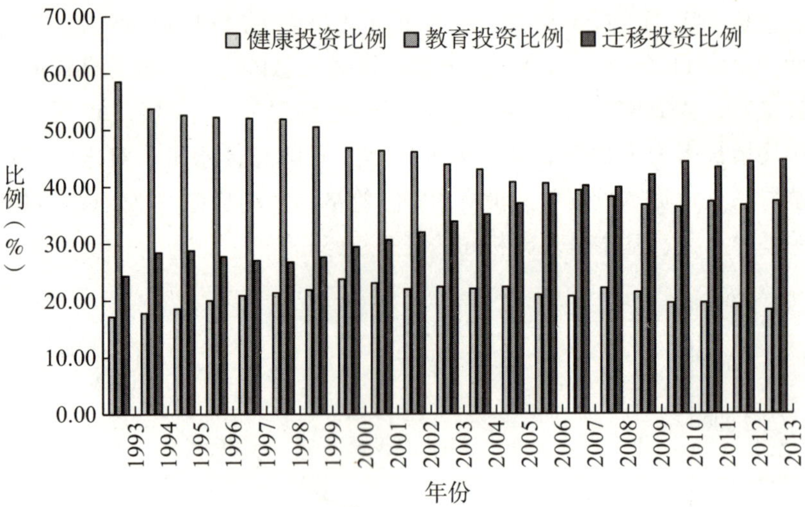

图2-3 1993~2013年中国城镇居民人力资本投资比重的变动趋势

（二）区域层面

由于中国地区间地理位置、经济发展等原因存在明显的差异，因此需要进一步从区域层面对中国城镇居民人力资本状况进行分析。根据《中国统计年鉴》给出的统计资料，在此按照东部地区、中部地区、西部地区和东北地区等四个区域进行分类。具体分组方法为：东部地区包括北京市、天津市、河北省、上海市、江苏省、浙江省、福建省、山东省、广东省、海南省等10个省区市；中部地区包括山西省、安徽省、江西省、河南省、湖北省、湖南省等6个省区市；西部地区包括内蒙古自治区、广西壮族自治区、重庆市、四川省、贵州省、云南省、西藏自治区、陕西省、甘肃省、青海省、宁夏回族自治区、新疆维吾尔自治区等12个省区市；东北地区包括辽宁省、吉林省、黑龙江省等 3 个省区市。下面基于区域层面视角分析城镇居民健康投资、教育投资、迁移投资和人力资本投资等，在此采用名义价格进行计算，且现有统计资料只涉及 2005 ~ 2012 年的数据，所有原始数据均来源于历年《中国统计年鉴》。

根据图 2 - 4 可以发现，中国各区域城镇居民的健康投资水平均呈现稳定持续增长的态势，但是存在一定的区域差异。从数值来看，东北地区和东部地区城镇居民的健康投资均高于全国平均水平，中部地区和西部地区均低于全国平均水平。具体来看，东北地区城镇居民的健康投资水平从 2005 年的 687. 22 元/人增加到 2012 年的 1 299. 25 元/人，且从 2007 年开始超过东部地区，成为全国最高的地区；东部地区城镇居民的健康投资水平从 2005 年的 710. 61 元/人增加到 2012 年的 1 097. 16 元/人；中部地区城镇居民的健康投资水平从 2005 年的 474. 60 元/人增加到 2012 年的 988. 93 元/人；西部地区城镇居民的健康投资水平从 2005 年的 521. 51 元/人增加到 2012 年的 963. 28 元/人。从增长速度来看，中部地区的增长速度最快，年均增长率为 11. 06%，远高于同期全国年均增长率 8. 50%；东北地区和西部地区的年均增长率略高于同期全国平均水平，分别为 9. 53% 和 9. 16%；东部地区的年均增长率最低，仅为 6. 40%，远低于同期全国平均水平。

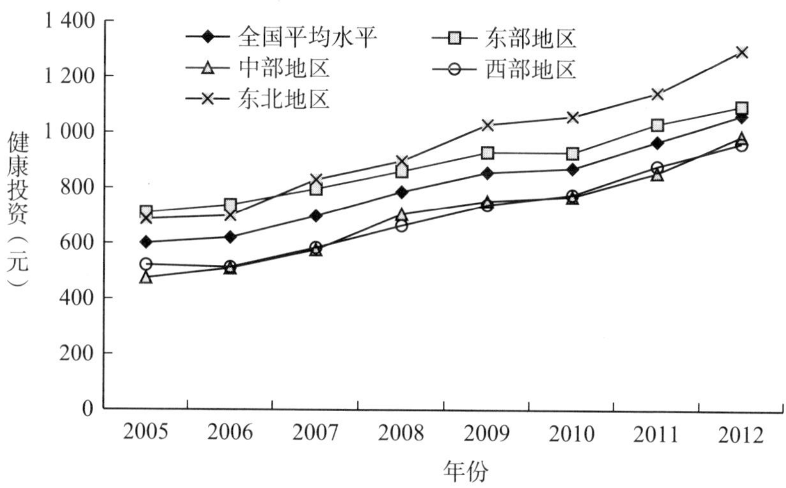

图 2 - 4　2005 ~ 2012 年中国区域层面城镇居民健康投资的变动趋势

根据图 2 –5 可以发现，中国各区域城镇居民的教育投资水平也均呈现稳定持续增长的态势，但同样存在区域差异性。从数值来看，东部地区城镇居民的教育投资远高于全国平均水平，其他地区的变化趋势基本相同，均低于全国平均水平。具体来看，东部地区城镇居民的教育投资水平从 2005 年的 1 438. 92 元/人增加到 2012 年的 2 576. 92 元/人；中部地区城镇居民的教育投资水平从 2005 年的 865. 51 元/人增加到 2012 年的 1 646. 35 元/人；东北地区城镇居民的教育投资水平从 2005 年的 822. 10 元/人增加到 2012 年的 1 594. 15 元/人；西部地区城镇居民的教育投资水平从 2005 年的 960. 93 元/人增加到 2012 年的 1 590. 37 元/人。从增长速度来看，东北地区的增长速度最快，年均增长率为 9. 92%，略高于同期全国年均增长率 9. 21%；其次是中部地区，年均增长率为 9. 62%，也略高于同期全国年均水平；再次是东部地区，年均增长率为 8. 68%，略低于同期全国年均水平；最后是西部地区，年均增长率为 7. 46%，远低于同期全国平均水平。

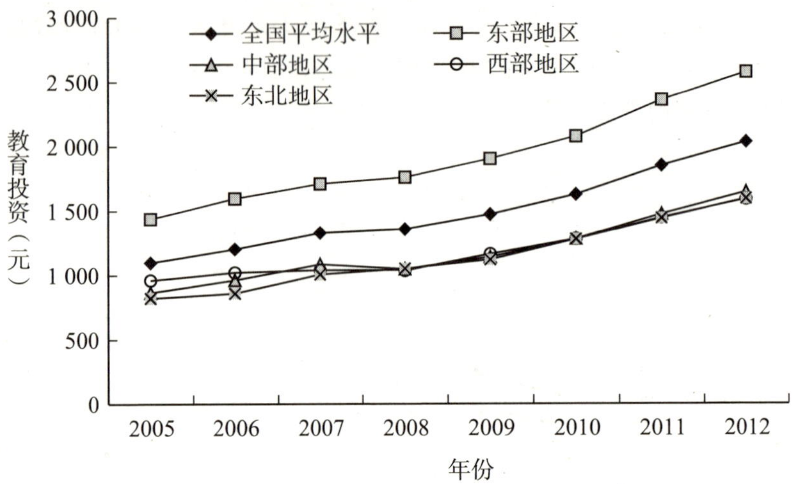

图 2 –5　2005 ~ 2012 年中国区域层面城镇居民教育投资的变动趋势

根据图 2 –6 可以发现，中国各区域城镇居民的迁移投资水平也均呈现稳定持续增长的态势，但同样存在区域差异性。从数值来看，东部地区城镇居民的迁移投资远高于全国平均水平，其他地区的变化趋势也差异不大，均低于全国平均水平。具体来看，东部地区城镇居民的迁移投资水平从 2005 年的 1 472.14 元/人增加到 2012 年的 3 323.49 元/人；西部地区城镇居民的迁移投资水平从 2005 年的 778.58 元/人增加到 2012 年的 1 975.54 元/人；东北地区城镇居民的迁移投资水平从 2005 年的 692.53 元/人增加到 2012 年的 1 919.72 元/人；中部地区城镇居民的迁移投资水平从 2005 年的 662.10 元/人增加到 2012 年的 1 723.73 元/人。从增长速度来看，东北地区、中部地区和西部地区的增长速度均高于全国平均水平，年均增长率分别为 15.68%、14.65% 和 14.23%，且东北地区的增长速度最快，高于同期全国年均增长率 13.75%；而东部地区年均增长率仅为 11.90%，低于同期全国增长率。

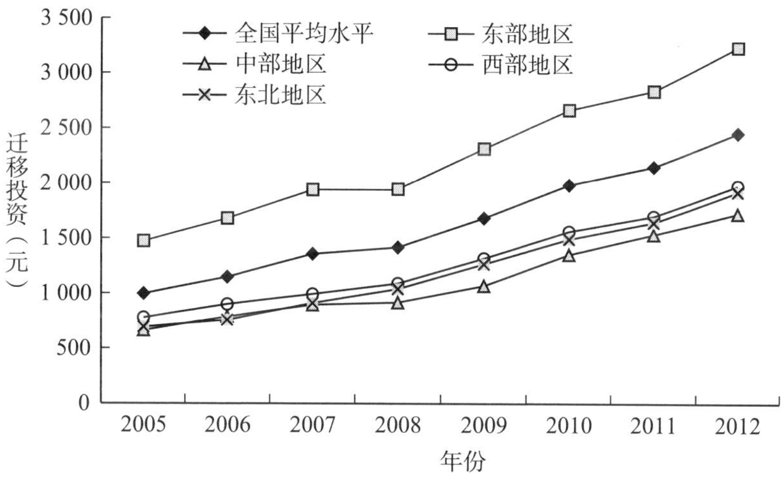

图 2-6　2005～2012 年中国区域层面城镇居民迁移投资的变动趋势

根据图 2-7 可以发现，中国各区域城镇居民的人力资本投资水平也均呈现稳定持续增长的态势，但同样存在区域差异性。从数值来看，东部地区城镇居民的人力资本投资远高于全国平均水平，其他地区的变化趋势相差不大，均低于全国平均水平。具体来看，东部地区城镇居民的人力资本投资水平从 2005 年的 3 621.67 元/人增加到

2012 年的 6 907.57 元/人；东北地区城镇居民的人力资本投资水平从 2005 年的 2 201.85 元/人增加到 2012 年的 4 813.12 元/人；中部地区城镇居民的人力资本投资水平从 2005 年的 2 002.21 元/人增加到 2012 年的 4 359.01 元/人；西部地区城镇居民的人力资本投资水平从 2005 年的 1 161.02 元/人增加到 2012 年的 4 529.19 元/人。从增长速度来看，东北地区和中部地区的增长速度基本相同，年均增长率分别为 11.81% 和 11.76%，均略高于同期全国年均增长率 10.88%；西部地区的年均增长率为 10.43%，略低于同期全国增长率；东部地区的增长速度最慢，年均增长率仅为 9.66%，低于同期全国增长率。

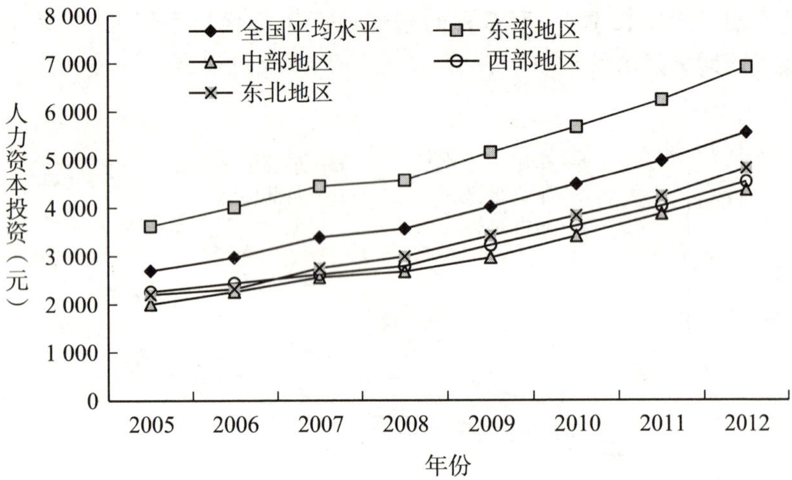

图 2-7 2005~2012 年中国区域层面城镇居民人力资本投资的变动趋势

（三）收入等级层面

考虑到不同收入水平的城镇居民用于人力资本投资的支出也存在差异，因此进一步从其收入等级层面对城镇居民的人力资本投资状况进行分析。根据《中国统计年鉴》给出的统计资料，城镇家庭收入分组方法是将所有调查户按户人均可支配收入由低到高排序，按 10%、10%、20%、20%、20%、10%、10% 的比例依次分成最低收入户、较低收入户、中等偏下收入户、中等收入户、中等偏上收入户、较高收入户、最高收入户等七个收入等级。下面基于收入等级层面视角分析城镇居民健康投资、教育投资、迁移投资和人力资本投资等，在此同样采用名义价格进行计算，且现有统计资料只涉及 1993 ~ 2012 年的数据，所有原始数据均来源于历年《中国统计年鉴》。

根据图 2 -8 可以发现，中国各收入等级的城镇居民健康投资水平均呈现稳定持续增长的态势，且城镇居民的收入水平和健康投资水平呈现明显的正相关，即收入水平越高，健康投资水平也越高，反之亦然。从数值来看，中等偏上户及其以上收入水平的健康投资均高于全国平均水平，而中等收入户及其以下收入水平的健康投资均低于全国平均水平。从增长速度来看，中等收入户及其以上收入水平的健康投资增长速度均高于全国平均水平，年均增长率分别为 17.22%、17.17%、17.43% 和 16.90%，均高于全国年均增长率 16.66%，而中等偏下户及其以下收入水平的健康投资增长速度均低于全国平均水平，年均增长率分别为 15.95%、15.70% 和 15.40%。

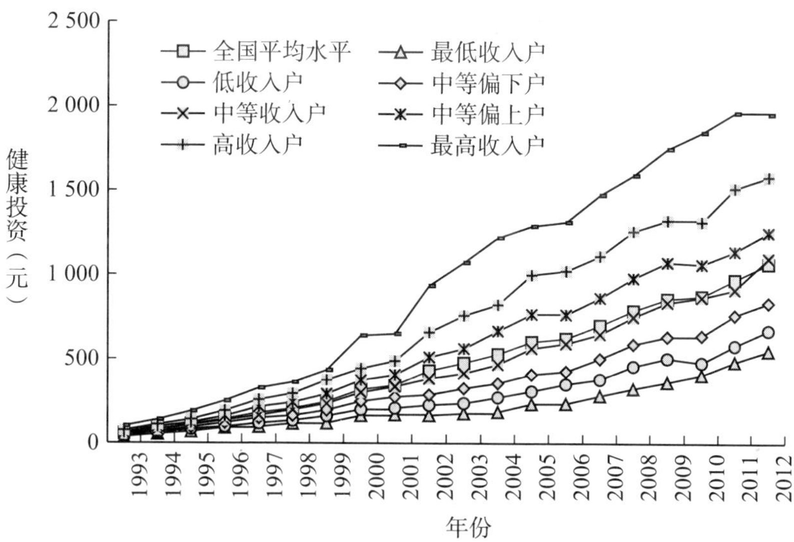

图 2 -8　1993 ~ 2012 年中国收入等级层面城镇居民健康投资的变动趋势

根据图 2 -9 可以发现，中国各收入等级的城镇居民教育投资水平均呈现稳定持续增长的态势，且城镇居民的收入水平和教育投资水平也呈现明显的正相关。从数值来看，中等偏上户及其以上收入水平的教育投资均高于全国平均水平，而中等收入户及其以下收入水平的教育投资均低于全国平均水平。从增长速度来看，中等偏上户及其以上收入水平的教育投资增长速度均高于全国平均水平，年均增长率分别为 13.49%、14.64% 和 15.42%，均高于全国年均增长率 13.16%，而中等收入户及其以下收入水平的教育投资增长速度均低于全国平均水平，年均增长率分别为 12.74%、11.83%、11.26% 和 10.25%。

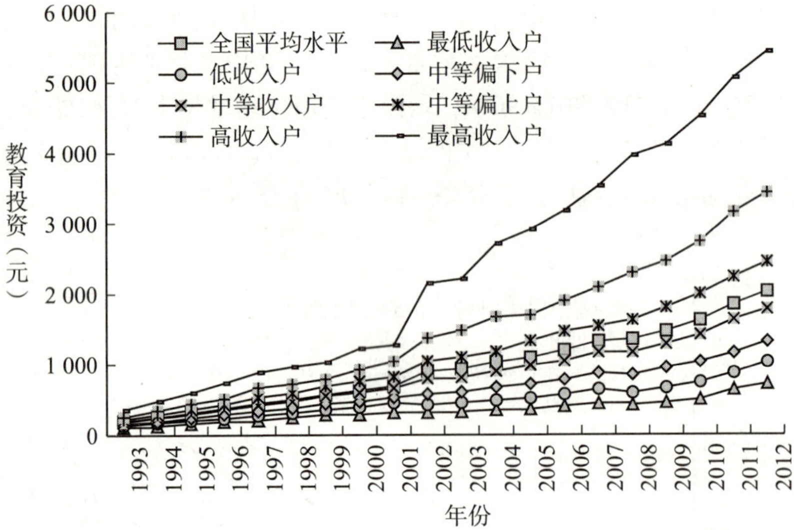

图 2-9　1993～2012 年中国收入等级层面城镇居民教育投资的变动趋势

根据图 2-10 可以发现，中国各收入等级的城镇居民迁移投资水平均呈现稳定持续增长的态势，且城镇居民的收入水平和迁移投资水平也呈现明显的正相关。从数值来看，中等偏上户及其以上收入水平的迁移投资均高于全国平均水平，而中等收入户及其以下收入水平的迁移投资均低于全国平均水平。从增长速度来看，高等收入户及其以上收入水平的迁移投资增长速度均高于全国平均水平，年均增长率分别为 20.36% 和 21.03%，均高于全国年均增长率 19.70%，而中等偏上户及其以下收入水平的迁移投资增长速度均低于全国平均水平，年均增长率分别为 19.55%、19.61%、19.01%、18.88%和 17.46%。

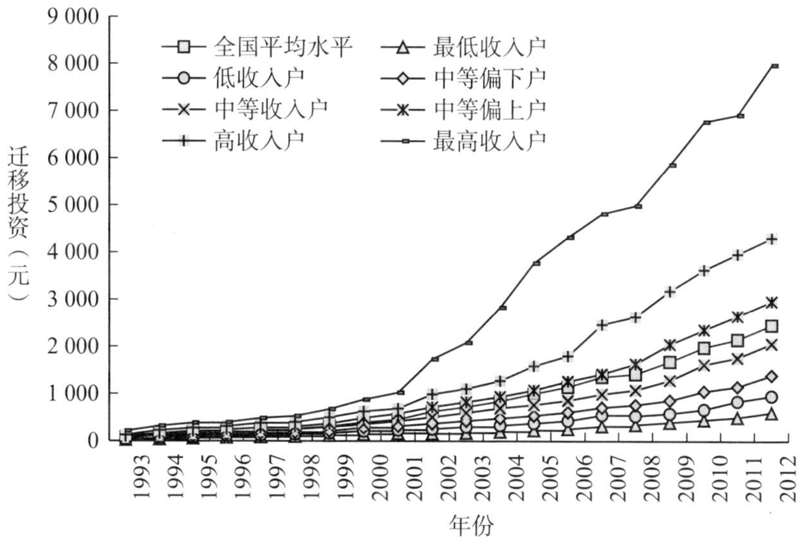

图 2-10　1993~2012 年中国收入等级层面城镇居民迁移投资的变动趋势

根据图 2-11 可以发现，中国各收入等级的城镇居民人力资本投资水平均呈现稳定持续增长的态势，且城镇居民的收入水平和人力资本投资水平也呈现明显的正相关。从数值来看，中等偏上户及其以上收入水平的人力资本投资均高于全国平均水平，而中等收入户及其以下收入水平的人力资本投资均低于全国平均水平。从增长速度来看，中等偏上户及其以上收入水平的人力资本投资增长速度均高于全国平均水平，年均增长率分别为 16.23%、17.18% 和 17.93%，均高于全国年均增长率 15.99%，而中等收入户及其以下收入水平的人力资本投资增长速度均低于全国平均水平，年均增长率分别为 15.79%、14.76%、14.18% 和 13.20%。

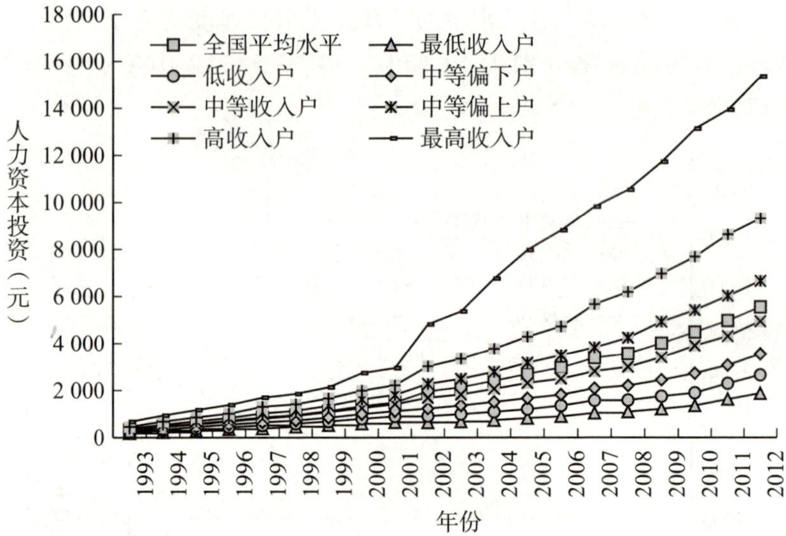

图 2-11　1993～2012 年中国收入等级层面城镇居民人力资本投资的变动趋势

二、中国农村居民人力资本投资状况

同样，农村居民人力资本投资也分别用健康投资、教育投资和迁移投资来表示。根据现有统计资料，健康投资用农村居民家庭生活消费支出中“医疗保健”来衡量，教育投资用农村居民家庭生活消费支出中的“文教娱乐用品及服务”来衡量，迁移投资用农村居民家庭生活消费支出中的“交通和通讯”支出来衡量，人力资本投资总额用三者之和来表示。为了准确衡量农村居民人力资本投资的变动趋势，下面也分别按照名义价格和实际价格来进行分析，其中名义价格是当年的价格，而实际价格是根据农村居民消费者价格指数转化为 1993 年的不变价格。所有原始数据均来源于历年《中国统计年鉴》。

（一）全国层面

根据图 2-12 可以发现，中国农村居民人力资本投资的名义价格总体也呈现稳定持续增长的态势，从 1993 年的 102.96 元/人增加到 2013 年的 1 896.15 元/人，年均增长率为 15.68%，和城镇居民人力资本投资的年均增长率基本一致。从人力资本投资结构来看，健康投资、教育投资和迁移投资也均呈现出稳定增长的态势，但是增长速度存在差异。其中，迁移投资的增长速度最快，从 1993 年的 17.41 元/人增加到 2013 年的 796.03 元/人，年均增长率为 21.06%，远高于人力资本投资的总体水平，且高于城镇居民的年均增长率；健康投资的增长速度较快，从 1993 年的 27.17 元/人增加到 2013 年的 614.24 元/人，年均增长率为 16.87%，略高于人力资本投资的总体水平，且与城镇居民的年均增长率基本一致；教育投资的增长最慢，从 1993 年的 58.38 元/人增加到 2013 年的 485.88 元/人，年均增长率为 11.18%，低于人力资本投资的总体水平和城镇居民的年均增长率。

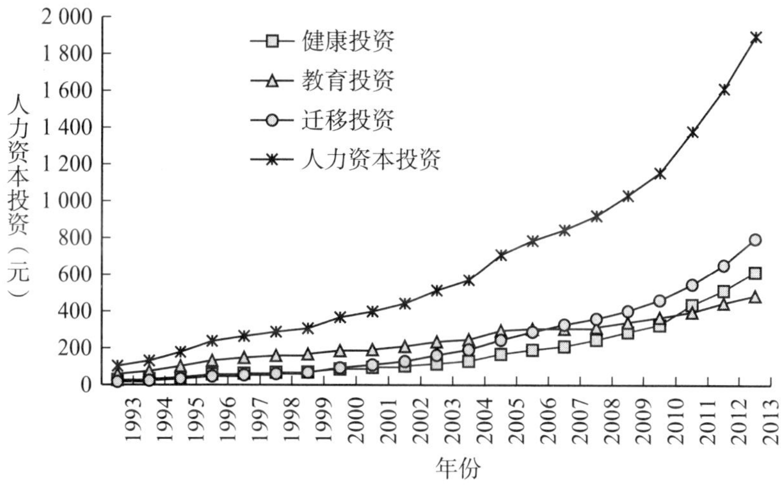

图 2-12　1993~2013 年中国农村居民人力资本投资的变动趋势（名义价格）

根据图 2-13 可以发现，中国农村居民人力资本投资的实际价格总体也呈现稳定持续增长的态势，从 1993 年的 102.96 元/人增加到 2013 年的 847.42 元/人，年均增长率为 11.11%，低于名义价格的增长速度，但与城镇居民人力资本投资的年均增长率基本一致。从人力资本投资结构来看，健康投资、教育投资和迁移投资也均呈现出稳定增长的态势，但是增长速度同样存在差异，也均低于名义价格的增长速度。其中，迁移投资的增长速度最快，从1993年的17.41元/人增加到2013年的355.76元/人，年均增长率为16.28%，远高于人力资本投资的总体水平，且高于城镇居民的年均增长率；健康投资的增长速度较快，从1993年的27.17元/人增加到2013年的274.51元/人，年均增长率为12.26%，略高于人力资本投资的总体水平和城镇居民的年均增长率；教育投资的增长最慢，从1993年的58.38元/人增加到2013年的217.15元/人，年均增长率为6.79%，低于人力资本投资的总体水平和城镇居民的年均增长率。对比中国农村居民人力资本投资名义价格和实际价格的变动趋势可以发现，两者的差异不大，基本呈现出相同的变动趋势。

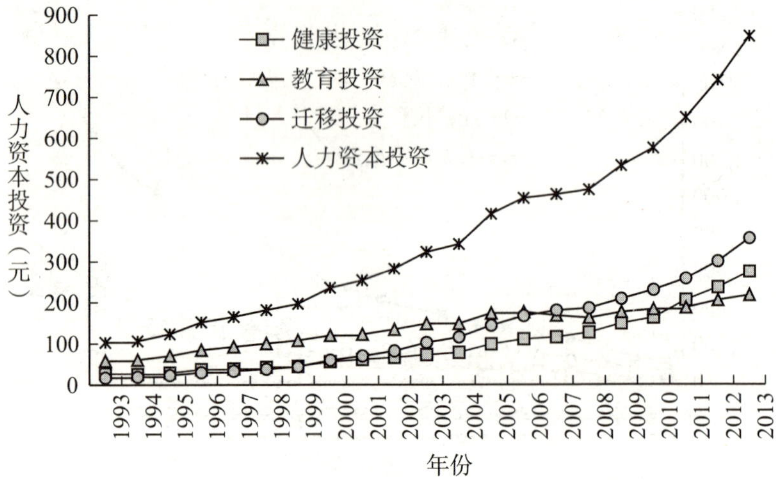

图2－13　1993～2013年中国农村居民人力资本投资的变动趋势（实际价格1993＝100）

根据图2－14可见，中国农村居民的人力资本投资结构也存在较大的差异。具体来看，健康投资比重总体水平相对较低，且呈现出先下降后上升的变动趋势，从1993年的26.39%下降到2003年的22.52%，又逐渐增加至2013年的32.39%，其年平均比重为25.61%，高于城镇居民的平均水平；教育投资比重相对较高，但呈现缓慢下降的态势，从 1993 年的 56. 70% 下降至 2013 年的 25. 62% ，其年平均比重为 44. 12% ，与城镇居民的平均水平基本一致；迁移投资比重保持稳步上升的态势，从 1993 年的 16. 91% 增长至 2013 年的 41. 98% ，并从 2007 年开始超过教育投资，成为比重最高的人力资本投资方式，其年平均比重为 30. 26% ，低于城镇居民的平均水平。

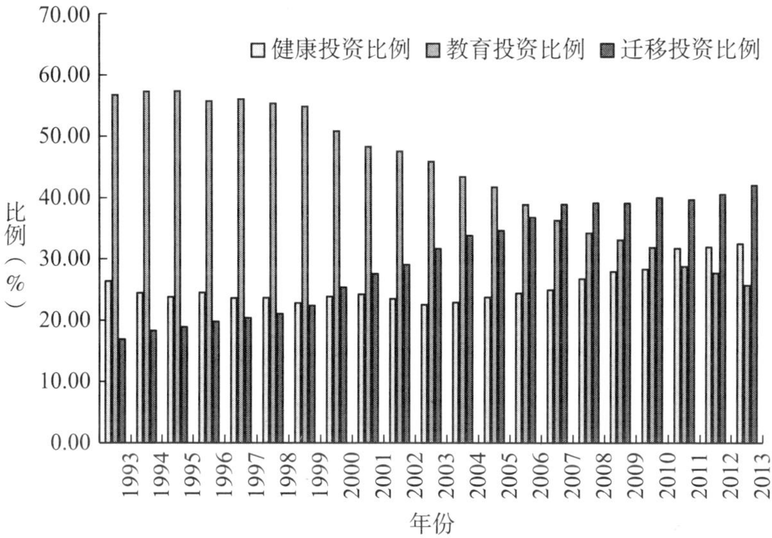

图 2 - 14　1993 ~ 2013 年中国农村居民人力资本投资比重的变动趋势

（二）区域层面

同样，根据《中国统计年鉴》给出的统计资料，在此按照东部地区、中部地区、西部地区和东北地区等四个区域进行分类。基于区域层面视角分析农村居民健康投资、教育投资、迁移投资和人力资本投资等，在此采用名义价格进行计算，且现有统计资料只涉及 2005 ~ 2012 年的数据，所有原始数据均来源于历年《中国统计年鉴》。

根据图 2 - 15 可以发现，中国各区域农村居民的健康投资水平均呈现稳定持续增长的态势，但是存在一定的区域差异。从数值来看，东北地区和东部地区农村居民的健康投资均高于全国平均水平，中部地区和西部地区均低于全国平均水平，且变动趋势基本相同。具体来看，东北地区农村居民的健康投资水平从 2005 年的 230.14 元/人增加到 2012 年的 704.00 元/人，一直是全国最高的地区；东部地区农村居民的健康投资水平从 2005 年的 218.51 元/人增加到 2012 年的 604.70 元/人；中部地区农村居民的健康投资水平从 2005 年的 137.62 元/人增加到 2012 年的 492.45 元/人；西部地区农村居民的健康投资水平从 2005 年的 134.64 元/人增加到 2012 年的 419.04 元/人。从增长速度来看，中部地区的增长速度最快，年均增长率为 19.98%，远高于同期全国年均增长率 17.31%；东北地区和西部地区的年均增长率略高于同期全国平均水平，分别为 17.32% 和 17.61%；东部地区的年均增长率最低，仅为 15.65%，低于同期全国平均水平。

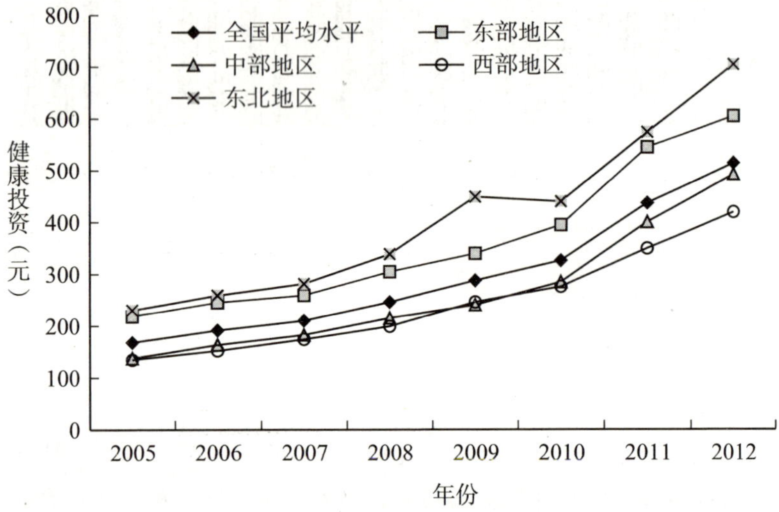

图 2-15　2005~2012 年中国区域层面农村居民健康投资的变动趋势

根据图 2-16 可以发现，中国各区域农村居民的教育投资水平也均呈现稳定持续增长的态势，但同样存在区域差异性。从数值来看，东部地区和东北地区农村居民的教育投资均高于全国平均水平，而中部地区和西部地区却低于全国平均水平。具体来看，东部地区农村居民的教育投资水平从 2005 年的 414.74 元/人增加到 2012 年的 647.13 元/人；东北地区农村居民的教育投资水平从 2005 年的 303.44 元/人增加到 2012 年的 555.61 元/人；中部地区农村居民的教育投资水平从 2005 年的 260.23 元/人增加到 2012 年的 385.58 元/人；西部地区农村居民的教育投资水平从 2005 年的 216.46 元/人增加到 2012 年的 306.26 元/人。从增长速度来看，东北地区的增长速度最快，年均增长率为 9.03%，远高于同期全国年均增长率 6.04%；其次是东部地区，年均增长率为 6.56%，略高于同期全国年均水平；再次是中部地区，年均增长率为 5.78%，略低于同期全国年均水平；最后是西部地区，年均增长率为 5.08%，低于同期全国平均水平。

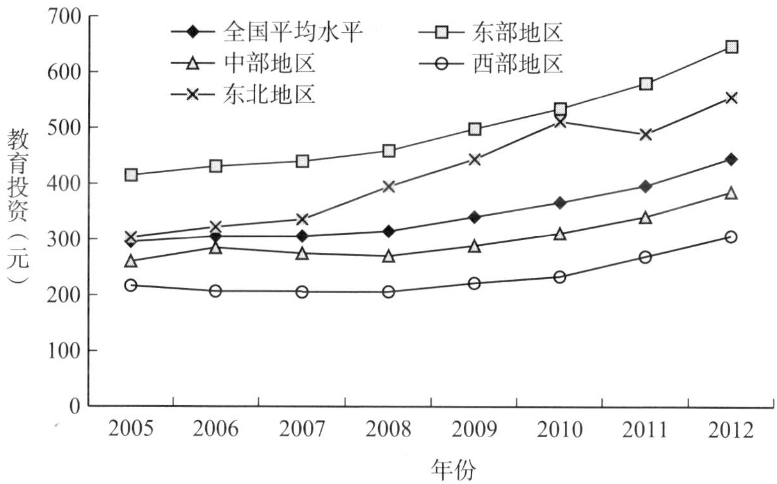

图 2-16　2005～2012 年中国区域层面农村居民教育投资的变动趋势

根据图 2-17 可以发现，中国各区域农村居民的迁移投资水平也均呈现稳定持续增长的态势，但同样存在区域差异性。从数值来看，东部地区农村居民的迁移投资远高于全国平均水平，东北地区与全国平均水平差异不大，中部地区和西部地区低于全国平均水平，且两者变动趋势基本相同。具体来看，东部地区农村居民的迁移投资水平从

2005 年的 367. 46 元/人增加到 2012 年的 965. 77 元/人；东北地区农村居民的迁移投资水平从 2005 年的 278. 37 元/人增加到 2012 年的 654. 46 元/人；中部地区农村居民的迁移投资水平从 2005 年的 197. 51 元/人增加到 2012 年的 515. 71 元/人；西部地区农村居民的迁移投资水平从 2005 年的 167. 54 元/人增加到 2012 年的 503. 93 元/人。从增长速度来看，西部地区的增长速度最快，年均增长率分别为 17. 04%，高于同期全国增长率 15. 03%；东部地区和中部地区的增长速度略低于同期全国增长率，分别为 14. 80% 和 14. 70%；东北地区年均增长率仅为 12. 99%，低于同期全国增长率。

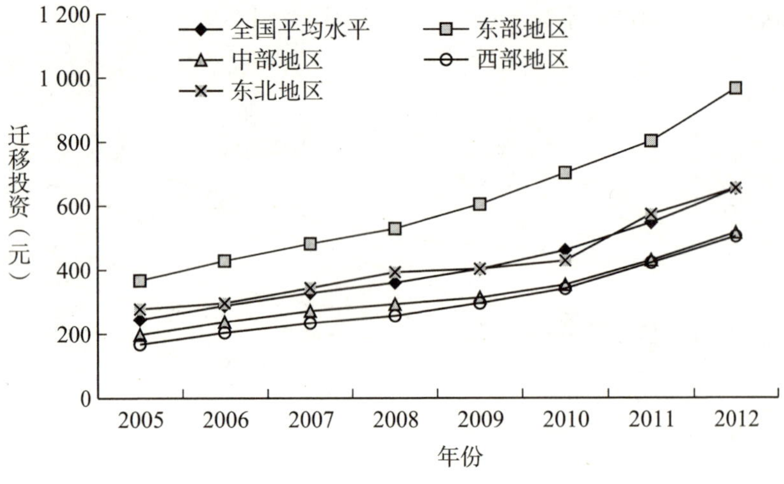

图 2－17　2005～2012 年中国区域层面农村居民迁移投资的变动趋势

根据图 2－18 可以发现，中国各区域农村居民的人力资本投资水平也均呈现稳定持续增长的态势，但同样存在区域差异性。从数值来看，东部地区和东北地区农村居民的人力资本投资均高于全国平均水平，而中部地区和西部地区均低于全国平均水平。具体来看，东部地区农村居民的人力资本投资水平从 2005 年的 1 000. 71 元/人增加到 2012 年的 2 217. 60 元/人；东北地区农村居民的人力资本投资水平从 2005 年的 811. 95 元/人增加到 2012 年的 1 914. 27 元/人；中部地区农村居民的人力资本投资水平从 2005 年的 595. 36 元/人增加到 2012 年的 1 393. 74 元/人；西部地区农村居民的人力资本投资水平从 2005 年的 518. 64 元/人增加到 2012 年的 1 229. 23 元/人。从增长速度来看，西部地区、东北地区和中部地区的增长速度较快，年均增长率分别为 13. 12%、13. 03%%和 12. 92%，均略高于同期全国年均增长率 12. 46%；东部地区的增长速度最慢，年均增长率仅为 12. 04%，略低于同期全国增长率。

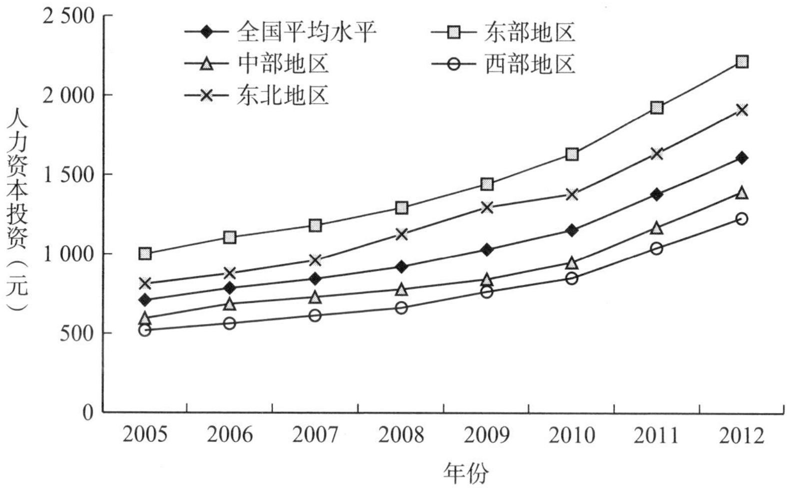

图 2－18　2005～2012 年中国区域层面农村居民人力资本投资的变动趋势

（三）收入等级层面

同样，根据《中国统计年鉴》给出的统计资料，将所有农村调查户按户人均纯收入由低到高排序，按 20%、20%、20%、20%、20%的比例依次分成低收入户、中等偏下收入户、中等收入户、中等偏上收入户、高收入户等五组。下面基于收入等级层面视角分析农村居民健康投资、教育投资、迁移投资和人力资本投资等，在此同样采用名义价格进行计算，且现有统计资料只涉及 2002～2012 年的数据，所有原始数据均来源于历年《中国统计年鉴》。

根据图 2－19 可以发现，中国各收入等级的农村居民健康投资水平均呈现稳定持续增长的态势。从数值来看，农村居民的收入水平和健康投资水平呈现明显的正相关，即收入水平越高，健康投资水平也越高，反之亦然。具体来看，中高收入户及其以上收入水平的健康投资均高于全国平均水平，而中等收入户及其以下收入水平的健康投资均低于全国平均水平。从增长速度来看，农村居民健康投资的增长速度与其收入水平呈现明显的负相关。具体来看，中高收入户及其以下收入水平的健康投资增长速度均高于全国平均水平，年均增长率分别为 17.73%、18.59%、19.35% 和 20.48%，均高于全国年均增长率 17.33%，而高收入户的健康投资增长速度远低于全国平均水平，年均增长率仅为 13.84%。

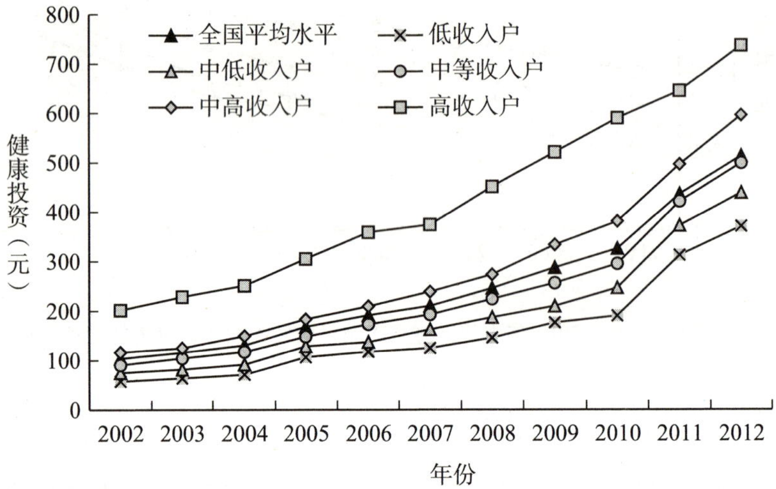

图 2－19　2002～2012 年中国收入等级层面农村居民健康投资的变动趋势

根据图 2－20 可以发现，中国各收入等级的农村居民教育投资水平均呈现稳定持续增长的态势。从数值来看，农村居民的收入水平和教育投资水平也呈现明显的正相关。具体来看，中高收入户及其以上收入水平的教育投资均高于全国平均水平，而中等收入户及其以下收入水平的教育投资均低于全国平均水平。从增长速度来看，低收入户、中高收入户和高收入户的教育投资增长速度均高于全国平均水平，年均增长率分别为 8.99%、8.01% 和 8.22%，均高于全国年均增长率 7.79%，而中低收入户和中等收入户的教育投资增长速度均低于全国平均水平，年均增长率分别为 7.30% 和 7.18%。

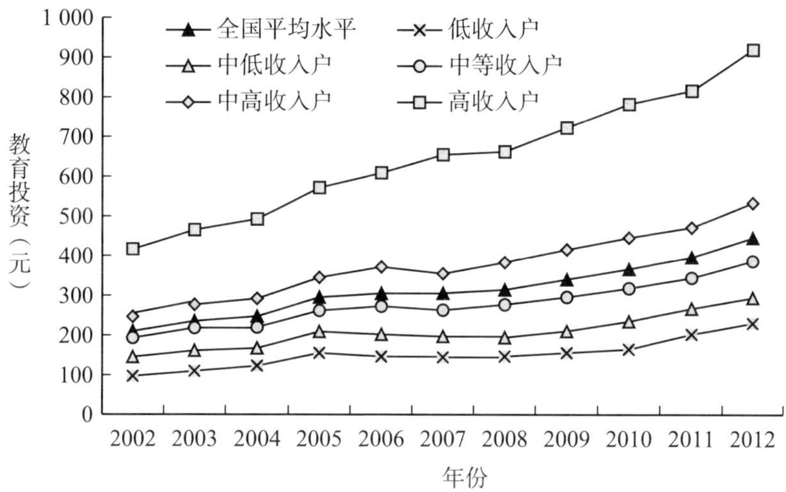

图 2－20　2002～2012 年中国收入等级层面农村居民教育投资的变动趋势

根据图 2－21 可以发现，中国各收入等级的农村居民迁移投资水平均呈现稳定持续增长的态势。从数值来看，农村居民的收入水平和迁移投资水平呈现明显的正相关。具体来看，中高收入户及其以上收入水平的迁移投资均高于全国平均水平，而中等收入户及其以下收入水平的迁移投资均低于全国平均水平。从增长速度来看，农村居民迁移投资的增长速度与其收入水平呈现明显的负相关。具体来看，中等收入户及其以下收入水平的迁移投资增长速度均高于全国平均水平，年均增长率分别为 18.46%、19.82% 和 24.05%，均高于全国年均增长率 17.65%，而中高收入户和高收入户的迁移投资增长速度低于全国平均水平，年均增长率分别为 16.90% 和 16.01%。

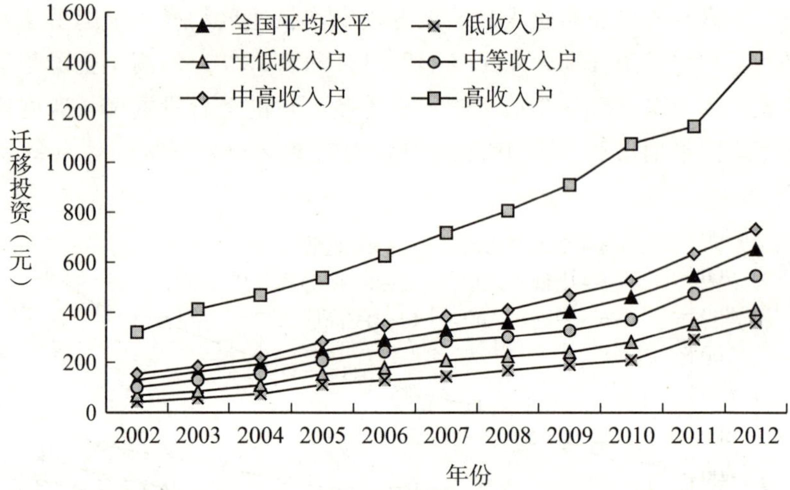

图 2-21　2002~2012 年中国收入等级层面农村居民迁移投资的变动趋势

根据图 2-22 可以发现，中国各收入等级的农村居民人力资本投资水平均呈现稳定持续增长的态势。从数值来看，农村居民的收入水平和人力资本投资水平呈现明显的正相关。具体来看，中高收入户及其以上收入水平的人力资本投资均高于全国平均水平，而中等收入户

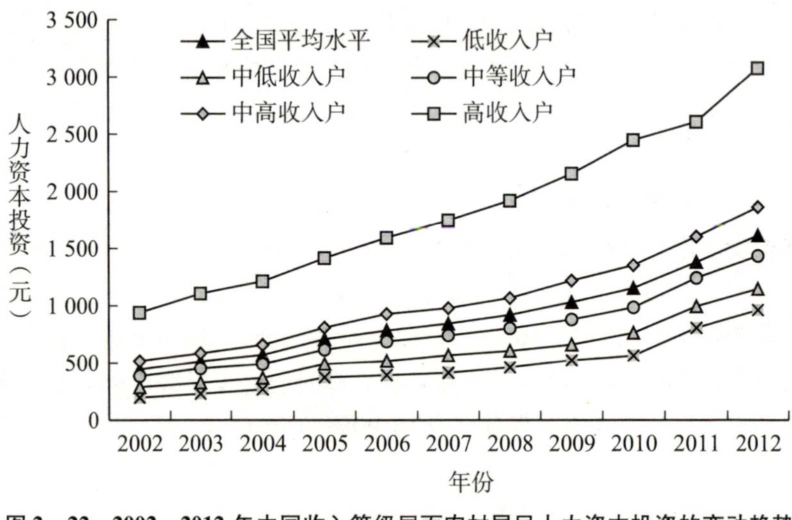

图 2-22　2002~2012 年中国收入等级层面农村居民人力资本投资的变动趋势

及其以下收入水平的人力资本投资均低于全国平均水平。从增长速度来看，农村居民人力资本投资的增长速度与其收入水平呈现明显的负相关。具体来看，中等收入户及其以下收入水平的人力资本投资增长速度均高于全国平均水平，年均增长率分别为 14.06%、14.81% 和 17.20%，均高于全国年均增长率 13.79%，而中高收入户和高收入户的人力资本投资增长速度低于全国平均水平，年均增长率分别为 13.67% 和 12.58%。

第二节　中国城乡居民人力资本投资差异分析

在上述分别介绍中国城镇居民和农村居民人力资本投资状况的基础上，分析中国城乡居民的人力资本投资差异。下面基于全国层面、区域层面和收入等级层面分别分析中国城乡居民的人力资本投资差异，并且注重考察其数值差异和比值差异。

一、全国层面差异分析

为了准确衡量城乡居民人力资本投资的差异情况，下面分别给出以名义价格和实际价格计算的城乡人力资本投资及其类型的数值差异和比值差异。其中名义价格是当年的价格，而实际价格是分别按照根据城乡居民消费者价格指数转化为 1993 年的不变价格。所有原始数据均来源于历年《中国统计年鉴》。

根据图 2－23 可以发现，中国城乡居民人力资本投资名义价格的数值差异呈现不断扩大的趋势，从 1993 年的 228.57 元/人增加到 2013 年的 4 252.99 元/人。从人力资本投资结构来看，城乡居民的健康投资、教育投资和迁移投资名义价格的数值差异也均呈现出不断扩大的趋势。其中，城乡居民健康投资的数值差距从 1993 年的 29.72 元/人增加到 2013 年的 504.03 元/人，其占人力资本投资总体差异的比重最低，且呈现出先上升后下降的趋势；城乡居民教育投资的数值差距从 1993 年的 135. 63 元/人增加到 2013 年的 1 808. 11 元/人，其在 1993 ~2006 年占人力资本投资总体差异的比重最高，但总体基本呈现出下降的趋势；城乡居民迁移投资的数值差距从 1993 年的 63. 22 元/人增加到 2013 年的 1 940. 85 元/人，其占人力资本投资总体差异的比重呈现出不断扩大的趋势，并从 2007 年开始超过教育投资的数值差距，成为比重最高的人力资本投资差异类型。

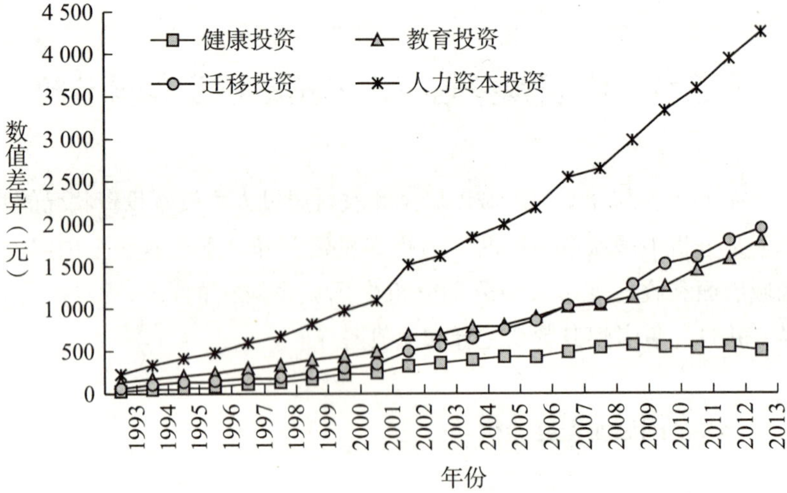

图 2 -23　1993 ~2013 年中国城乡居民人力资本投资的数值差异（名义价格）

根据图 2 -24 可以发现，中国城乡居民人力资本投资名义价格的比值差异呈现持续波动的变化特征，总体上呈现出先上升后下降的趋势。从人力资本投资结构来看，城乡居民的健康投资、教育投资和迁移投资名义价格的比值差异呈现出不同的趋势。其中，城乡居民健康投资的比值差异呈现出先上升后下降的趋势，城乡居民教育投资的比值差异总体基本呈现出不断上升的趋势，城乡居民迁移投资的比值差异总体基本呈现出不断下降的趋势。

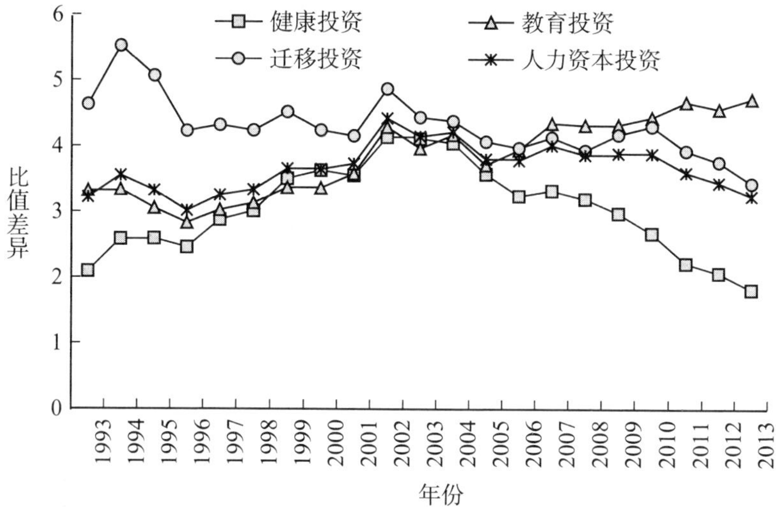

图 2－24　1993～2013 年中国城乡居民人力资本投资的比值差异（名义价格）

根据图 2－25 可以发现，中国城乡居民人力资本投资实际价格的数值差异也呈现不断扩大的趋势，从 1993 年的 228.57 元/人增加到 2013 年的 1 982.29 元/人。从人力资本投资结构来看，城乡居民的健康投资、教育投资和迁移投资实际价格的数值差异也均呈现出不断扩大的趋势。其中，城乡居民健康投资的数值差距从 1993 年的 29.72 元/人增加到 2013 年的 240.09 元/人，其占人力资本投资总体差异的比重最低，且总体基本呈现出不断上升的趋势；城乡居民教育投资的数值差距从 1993 年的 135.63 元/人增加到 2013 年的 838.50 元/人，其在 1993～2006 年占人力资本投资总体差异的比重最高，但总体基本呈现出下降的趋势；城乡居民迁移投资的数值差距从 1993 年的 63.22 元/人增加到 2013 年的 903.70 元/人，其占人力资本投资总体差异的比重呈现出不断扩大的趋势，并从 2007 年开始超过教育投资的数值差距，成为比重最高的人力资本投资差异类型。对比中国城乡居民人力资本投资名义价格和实际价格的数值差异可以发现，两者的差异不大，基本呈现出相同的变动趋势。

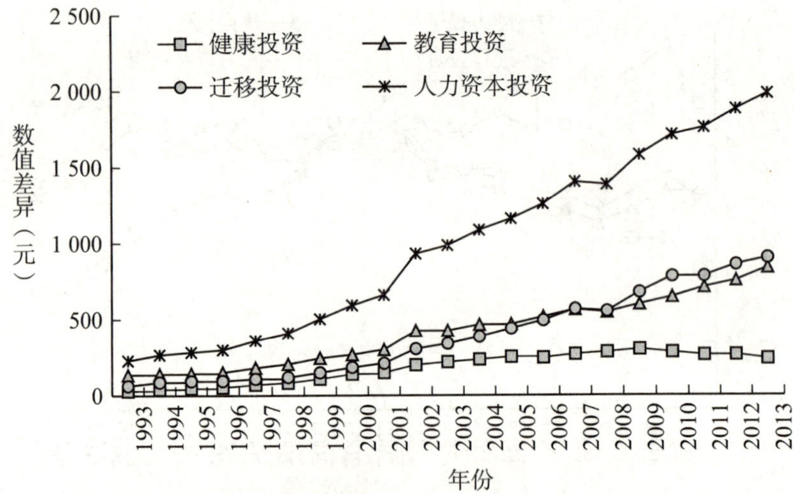

图 2－25　1993～2013 年中国城乡居民人力资本投资的数值差异（实际价格）

根据图 2－26 可以发现，中国城乡居民人力资本投资实际价格的比值差异也呈现持续波动的变化特征，总体上也呈现出先上升后下降的趋势。从人力资本投资结构来看，城乡居民的健康投资、教育投资

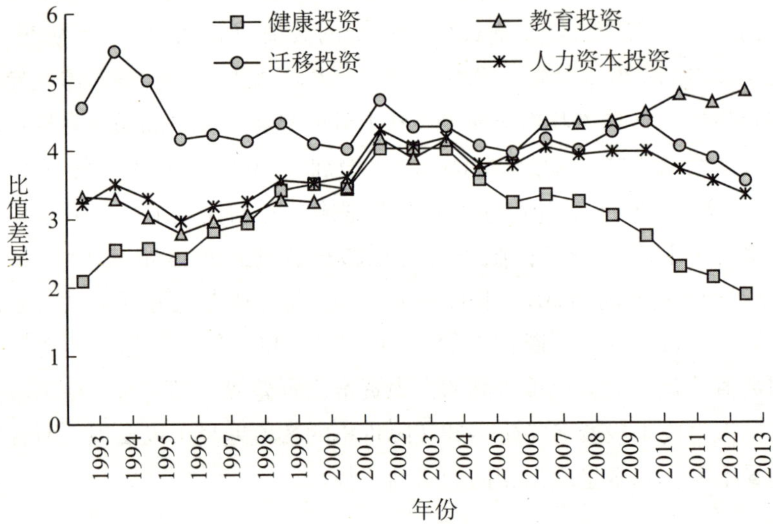

图 2－26　1993～2013 年中国城乡居民人力资本投资的比值差异（实际价格）

和迁移投资实际价格的比值差异呈现出不同的趋势。其中，城乡居民健康投资的比值差异呈现出先上升后下降的趋势，城乡居民教育投资的比值差异总体基本呈现出不断上升的趋势，城乡居民迁移投资的比值差异总体基本呈现出不断下降的趋势。对比中国城乡居民人力资本投资名义价格和实际价格的比值差异可以发现，两者的差异不大，基本呈现出相同的变动趋势。

二、区域层面差异分析

下面基于区域层面分析城乡居民健康投资、教育投资、迁移投资和人力资本投资的数值差异和比值差异等，在此采用名义价格进行计算，且现有统计资料只涉及 2005 ~ 2012 年的数据，所有原始数据均来源于历年《中国统计年鉴》。

根据图 2 - 27 可以发现，中国区域层面城乡居民健康投资的数值差异呈现持续的轻微波动趋势。从地区类型来看，东北地区城乡居民健康投资的数值差异最大，超过全国平均水平，且呈现出不断上升的趋势；东部地区城乡居民健康投资的数值差异呈现出先上升后下降的

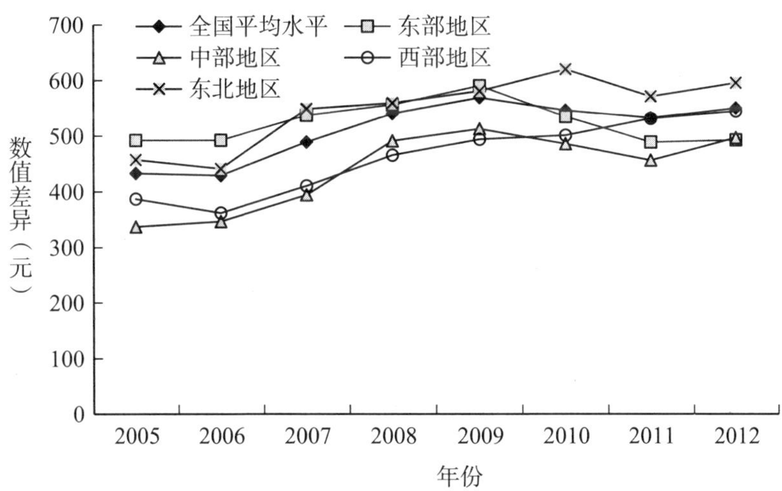

图 2 - 27　2005 ~ 2012 年中国区域层面城乡居民健康投资的数值差异

趋势，在2005~2009年超过全国平均水平，而后随之低于全国平均水平；中部地区城乡居民健康投资的数值差异低于全国平均水平，且呈现出持续的变动趋势；西部地区城乡居民健康投资的数值差异也低于全国平均水平，但呈现出持续增长的趋势。

根据图2-28可以发现，中国区域层面城乡居民健康投资的比值差异均呈现出持续的下降趋势。从地区类型来看，西部地区城乡居民健康投资的比值差异最大，超过全国平均水平；中部地区城乡居民健康投资的比值差异基本与全国平均水平保持一致；东部地区和东北地区城乡居民健康投资的比值差异均低于全国平均水平。

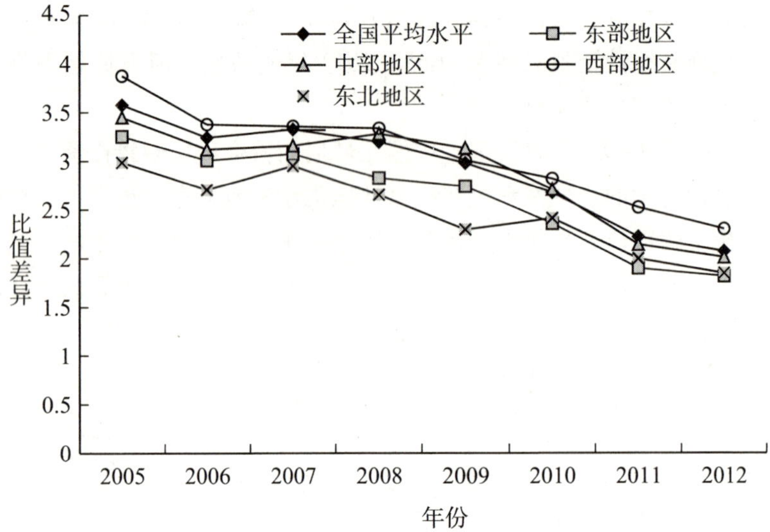

图2-28　2005~2012年中国区域层面城乡居民健康投资的比值差异

根据图2-29可以发现，中国区域层面城乡居民教育投资的数值差异均呈现持续的上升趋势。从地区类型来看，东部地区城乡居民教育投资的数值差异最大，超过全国平均水平；中部和西部地区城乡居民教育投资的数值差异均低于全国平均水平，且两者差异较小；东北地区城乡居民教育投资的数值差异远低于全国平均水平。

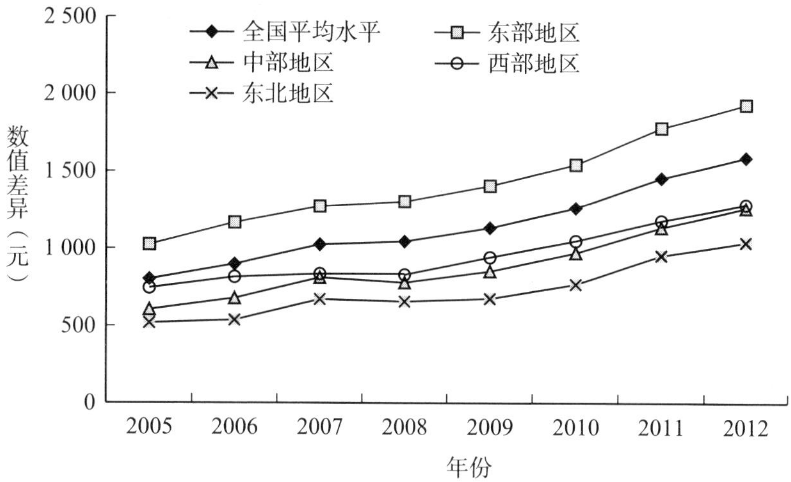

图 2－29　2005～2012 年中国区域层面城乡居民教育投资的数值差异

根据图 2－30 可以发现，中国区域层面城乡居民教育投资的比值差异呈现出轻微的波动趋势。从地区类型来看，西部地区城乡居民教育投资的比值差异最大，超过全国平均水平；东部地区和中部地区城乡居民教育投资的比值差异均略低于全国平均水平，且两者差异不大；东北地区城乡居民教育投资的比值差异远低于全国平均水平。

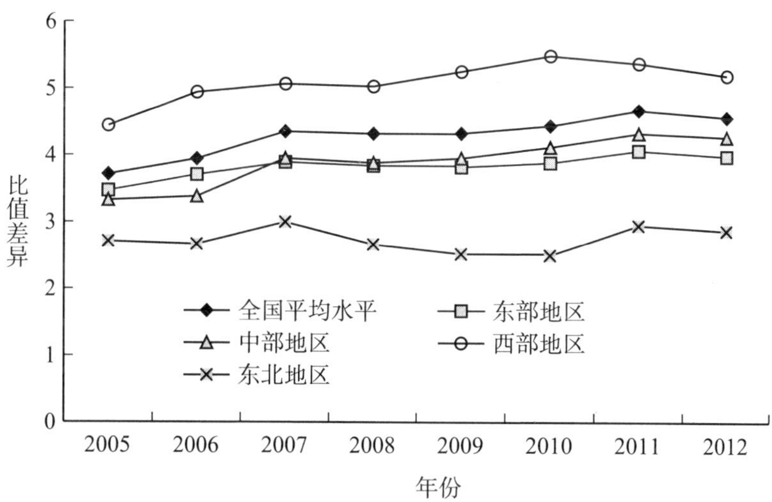

图 2－30　2005～2012 年中国区域层面城乡居民教育投资的比值差异

根据图 2－31 可以发现，中国区域层面城乡居民迁移投资的数值差异均呈现持续的上升趋势。从地区类型来看，东部地区城乡居民迁移投资的数值差异最大，超过全国平均水平；西部地区城乡居民迁移投资的数值差异略低于全国平均水平；中部和东北地区城乡居民迁移投资的数值差异远均低于全国平均水平，且两者差异不大。

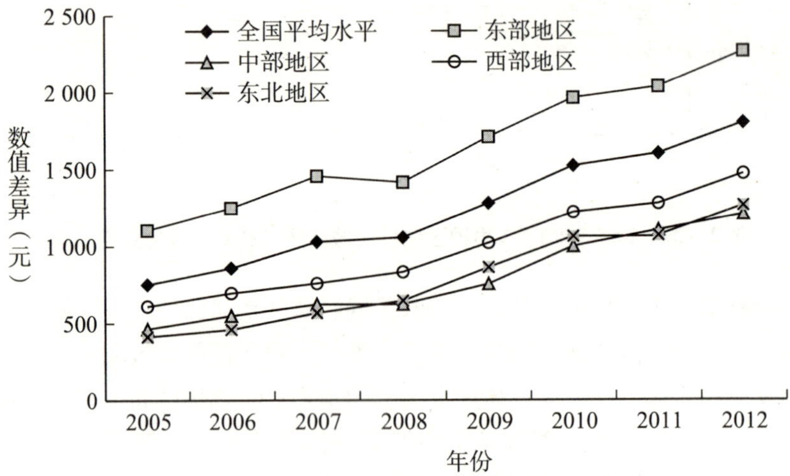

图 2－31　2005～2012 年中国区域层面城乡居民迁移投资的数值差异

根据图 2－32 可以发现，中国区域层面城乡居民迁移投资的比值差异呈现出轻微的波动趋势。从地区类型来看，西部地区城乡居民迁移投资的比值差异最大，超过全国平均水平；东部地区城乡居民迁移投资的比值差异略低于全国平均水平；中部地区城乡居民迁移投资的比值差异也低于全国平均水平，且与全国平均水平的差距不断缩小；东北地区城乡居民迁移投资的比值差异远低于全国平均水平。

根据图 2－33 可以发现，中国区域层面城乡居民人力资本投资的数值差异均呈现持续的上升趋势。从地区类型来看，东部地区城乡居民人力资本投资的数值差异最大，超过全国平均水平；西部地区城乡居民人力资本投资的数值差异略低于全国平均水平；中部和东北地区城乡居民人力资本投资的数值差异均远低于全国平均水平，且两者差异不大。

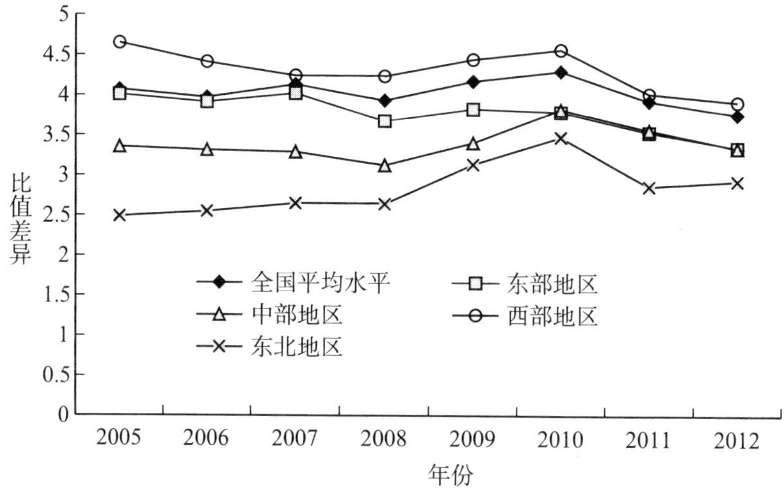

图 2-32　2005～2012 年中国区域层面城乡居民迁移投资的比值差异

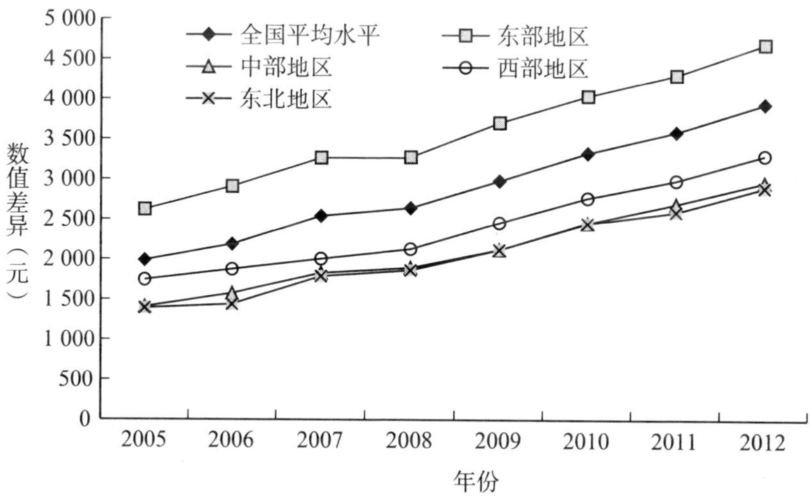

图 2-33　2005～2012 年中国区域层面城乡居民人力资本投资的数值差异

根据图 2-34 可以发现，中国区域层面城乡居民人力资本投资的比值差异均呈现出轻微的波动趋势。从地区类型来看，西部地区城乡居民人力资本投资的比值差异最大，超过全国平均水平；东部地区和中部地区城乡居民人力资本投资的比值差异均略低于全国平均水平；东北地区城乡居民人力资本投资的比值差异远低于全国平均水平。

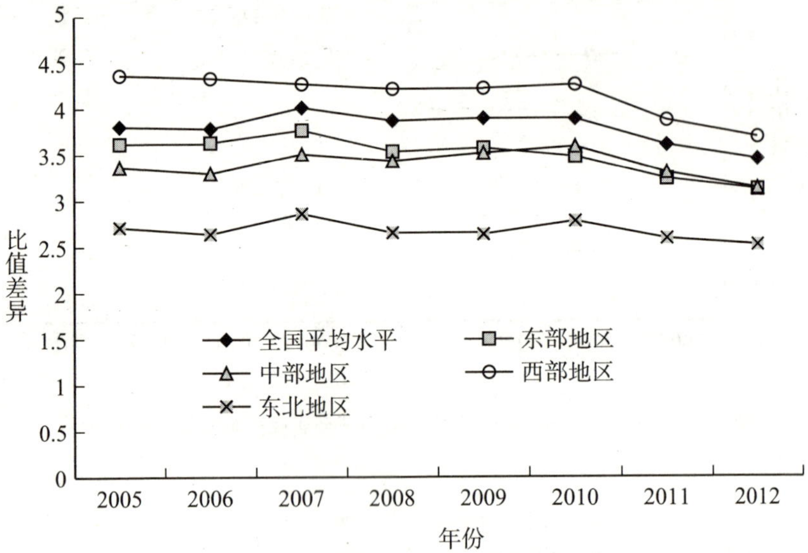

图 2-34　2005~2012 年中国区域层面城乡居民人力资本投资的比值差异

三、收入等级差异分析

下面基于收入等级层面分析城乡居民健康投资、教育投资、迁移投资和人力资本投资的数值差异和比值差异等。由于农村居民收入等级层面的统计资料只涉及 2002~2012 年的数据，所以将数据的范围设定为 2002~2012 年。此外，由于城镇居民收入按照个人可支配收入的比例划分为七个收入等级，而农村居民按照个人纯收入划分为五个收入等级，为了有效地进行对比，本书将城镇居民的收入等级均按照 20% 的收入比例划分为五个收入等级，与农村居民的收入等级进行一一对应，具体为将最低收入户和较低收入户定义为“低收入户”，将较高收入户和最高收入户定义为“高收入户”，具体数值均取两者的均值；将中等偏下收入户定义为“中低收入户”，将中等收入户定义为“中等收入户”，将中等偏上收入户定义为“中高收入户”，具体数值保持不变。在此采用名义价格进行计算，所有原始数据均来源于历年《中国统计年鉴》。

根据图 2 –35 可以发现，中国收入等级层面城乡居民健康投资的数值差异呈现出波动的上升趋势。从收入等级来看，城乡居民健康投资的数值差距与其收入水平呈现出显著的正相关，即收入等级越高，城乡居民健康投资的数值差距越大，反之亦然。具体来说，城乡居民高收入户和中高收入户的健康投资差异均高于全国平均水平，城乡居民中等收入户的健康投资差异与全国平均水平基本一致，而城乡居民中低收入户和低收入户的健康投资差异均低于全国平均水平。

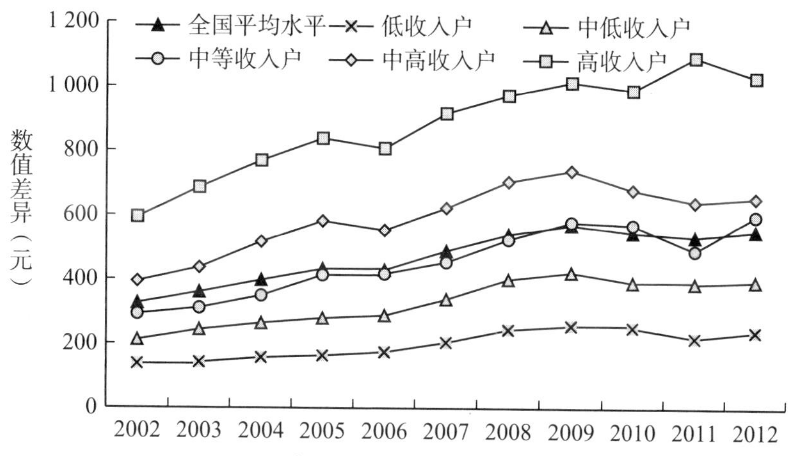

图 2 –35　2002 ~2012 年中国收入等级层面城乡居民健康投资的数值差异

根据图 2 –36 可以发现，中国收入等级层面城乡居民健康投资的比值差异均呈现出下降趋势。从收入等级来看，城乡居民中高收入户的健康投资差异均高于全国平均水平，城乡居民高收入户、中等收入户和中低收入户的健康投资差异基本与全国平均水平保持一致，城乡居民低收入户的健康投资差异低于全国平均水平。

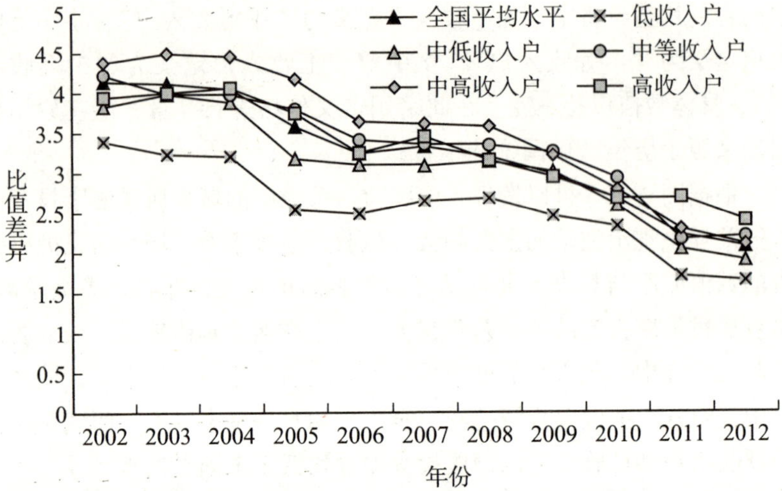

图 2－36　2002～2012 年中国收入等级层面城乡居民健康投资的比值差异

根据图 2－37 可以发现，中国收入等级层面城乡居民教育投资的数值差异呈现出稳定的上升趋势。从收入等级来看，城乡居民教育投资的数值差距与其收入水平呈现出显著的正相关。具体来说，城乡居民高收入户的教育投资差异远高于全国平均水平，城乡居民中高收入

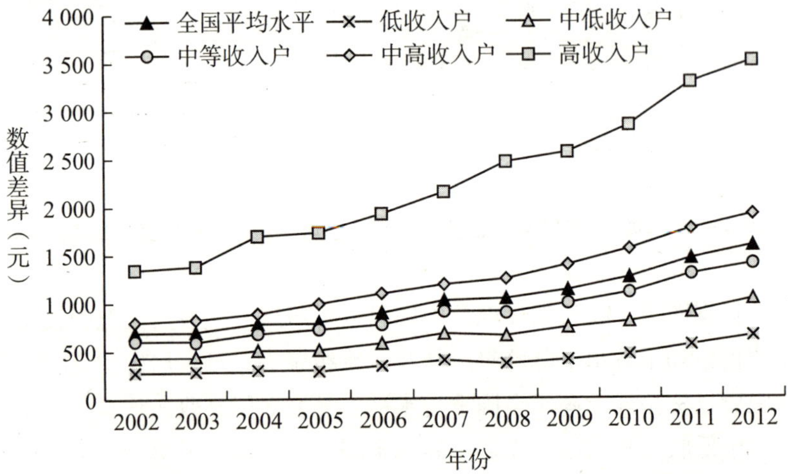

图 2－37　2002～2012 年中国收入等级层面城乡居民教育投资的数值差异

户的教育投资差异略高于全国平均水平，城乡居民中等收入户的教育投资差异略低于全国平均水平，城乡居民中低收入户和低收入户的教育投资差异均低于全国平均水平。

根据图2－38可以发现，中国收入等级层面城乡居民教育投资的比值差异呈现出轻微的波动趋势。从收入等级来看，城乡居民高收入户的教育投资差异略高于全国平均水平，城乡居民低收入户的教育投资差异低于全国平均水平，而其他收入等级的教育投资差异与全国平均水平相差不大。

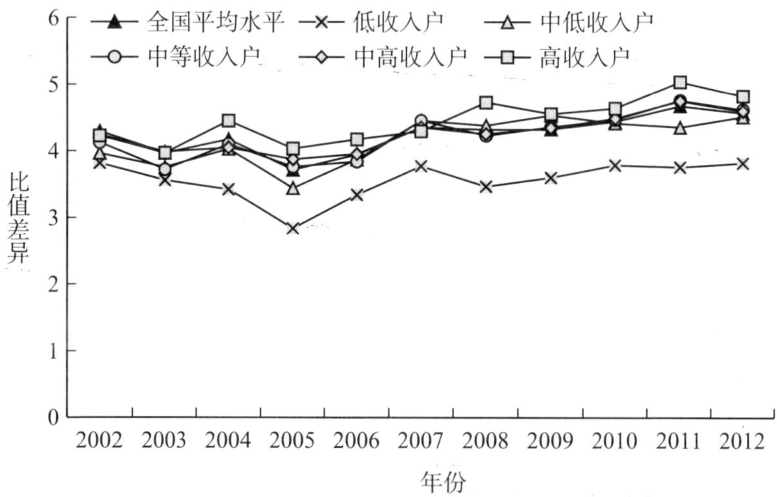

图2－38　2002～2012年中国收入等级层面城乡居民教育投资的比值差异

根据图2－39可以发现，中国收入等级层面城乡居民迁移投资的数值差异也呈现出稳定的上升趋势。从收入等级来看，城乡居民迁移投资的数值差距与其收入水平也呈现出显著的正相关。具体来说，城乡居民高收入户的迁移投资差异远高于全国平均水平，城乡居民中高收入户的迁移投资差异略高于全国平均水平，城乡居民中等收入户的迁移投资差异略低于全国平均水平，城乡居民中低收入户和低收入户的迁移投资差异均低于全国平均水平。

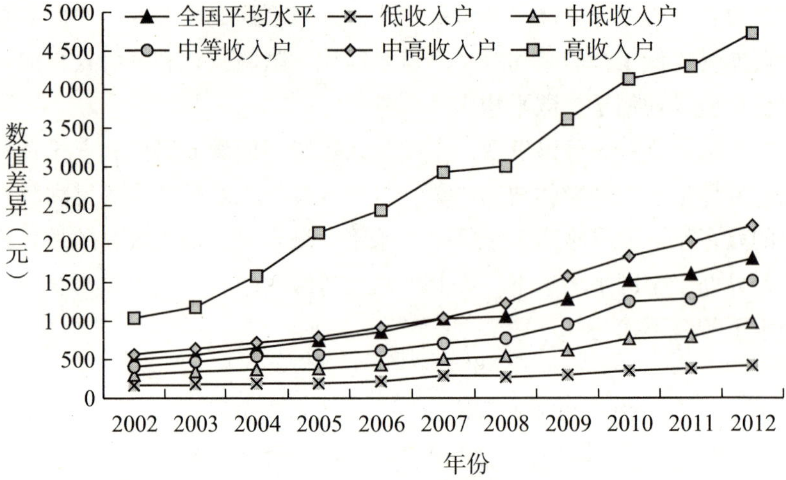

图 2－39　2002～2012 年中国收入等级层面城乡居民迁移投资的数值差异

根据图 2－40 可以发现，中国收入等级层面城乡居民迁移投资的比值差异呈现出波动的下降趋势。从收入等级来看，城乡居民高收入户的迁移投资差异基本高于全国平均水平，且呈现出轻微的波动趋势；城乡居民中高收入户和中等收入户的迁移投资差异均与全国平均

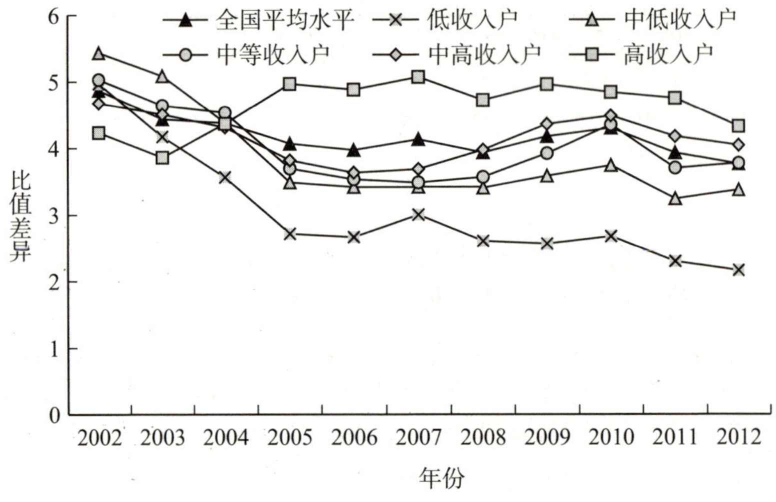

图 2－40　2002～2012 年中国收入等级层面城乡居民迁移投资的比值差异

水平相差不大，且呈现出轻微的波动下降趋势；城乡居民中低收入户的迁移投资差异从高于全国平均水平转为低于全国平均水平，且呈现出明显的下降趋势；城乡居民低收入户的迁移投资差异基本低于全国平均水平，且呈现出明显的下降趋势。

根据图 2－41 可以发现，中国收入等级层面城乡居民人力资本投资的数值差异也呈现出稳定的上升趋势。从收入等级来看，城乡居民人力资本投资的数值差距与其收入水平也呈现出显著的正相关。具体来说，城乡居民高收入户的人力资本投资差异远高于全国平均水平，城乡居民中高收入户的人力资本投资差异略高于全国平均水平，城乡居民中等收入户的人力资本投资差异略低于全国平均水平，城乡居民中低收入户和低收入户的人力资本投资差异均低于全国平均水平。

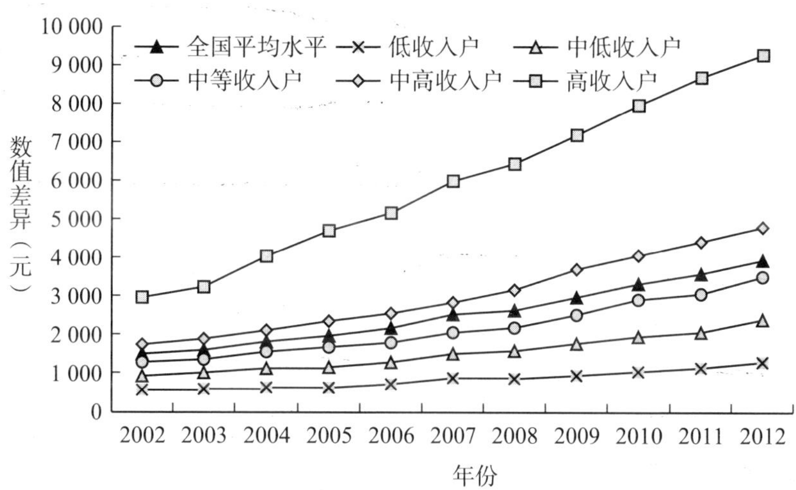

图 2－41　2002～2012 年中国收入等级层面城乡居民人力资本投资的数值差异

根据图 2－42 可以发现，中国收入等级层面城乡居民人力资本投资的比值差异呈现出轻微的波动趋势。从收入等级来看，城乡居民高收入户的人力资本投资差异略高于全国平均水平，城乡居民中低收入户和低收入户的人力资本投资差异均低于全国平均水平，而其他收入等级的人力资本投资差异与全国平均水平相差不大。

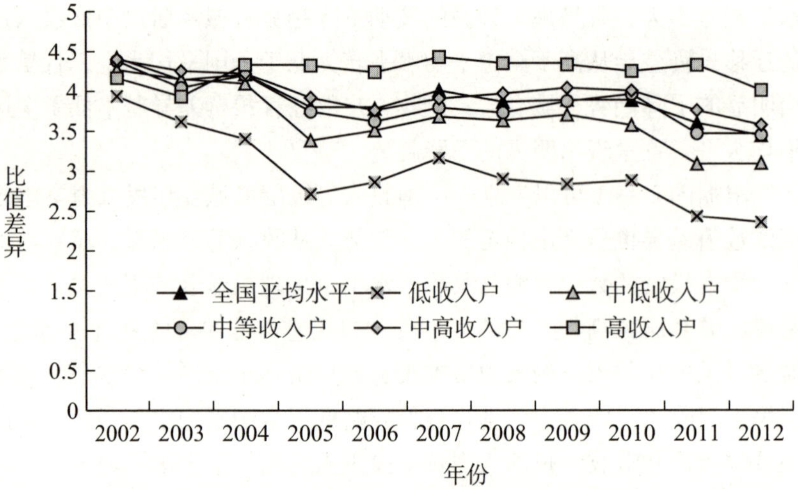

图 2-42　2002~2012 年中国收入等级层面城乡居民人力资本投资的比值差异

本章小结

本章首先分别从全国、区域和收入等级层面梳理和分析中国城镇和农村居民人力资本投资及其结构的变动趋势状况，然后分别从这三个层面分析城乡居民人力资本投资的数值差异和比值差异，得出以下主要结论：

一、中国城镇居民人力资本投资

1. 从全国层面来看，中国城镇居民人力资本投资总体呈现稳定持续增长的态势。从结构类型来看，健康投资、教育投资和迁移投资均呈现出稳定增长的态势，但是增长速度存在差异。其中，迁移投资的增长速度最快，其次是健康投资，最后是教育投资。从结构比重来看，健康投资比重相对较低，且呈现出先上升后下降的变动趋势；教育投资比重相对较高，但呈现缓慢下降的态势；迁移投资比重保持稳步上升的态势。

2. 从区域层面来看，中国各区域城镇居民的健康投资、教育投资、迁移投资和人力资本投资水平均呈现稳定持续增长的态势，同时存在区域差异。（1）健康投资。从数值来看，东北地区和东部地区城镇居民的健康投资均高于全国平均水平，而中部地区和西部地区均低于全国平均水平。从增长速度来看，中部地区的增长速度最快，其次是东北地区和西部地区，最后是东部地区。（2）教育投资。从数值来看，东部地区城镇居民的教育投资远高于全国平均水平，其他地区的变化趋势基本相同，均低于全国平均水平。从增长速度来看，东北地区的增长速度最快，其次是中部地区，再次是东部地区，最后是西部地区。（3）迁移投资。从数值来看，东部地区城镇居民的迁移投资远高于全国平均水平，其他地区的变化趋势也差异不大，均低于全国平均水平。从增长速度来看，从高到低依次为东北地区、中部地区、西部地区和东部地区。（4）人力资本投资。从数值来看，东部地区城镇居民的人力资本投资远高于全国平均水平，其他地区的变化趋势相差不大，均低于全国平均水平。从增长速度来看，最高的是东北地区和中部地区，其次是西部地区，最后是东部地区。

3. 从收入等级层面来看，中国各收入等级的城镇居民健康投资、教育投资、迁移投资和人力资本投资水平均呈现稳定持续增长的态势，且城镇居民的收入水平呈现明显的正相关。（1）健康投资。从数值来看，中等偏上户及其以上收入水平的健康投资均高于全国平均水平，而中等收入户及其以下收入水平的健康投资均低于全国平均水平。从增长速度来看，中等收入户及其以上收入水平的健康投资增长速度均高于全国平均水平，而中等偏下户及其以下收入水平的健康投资增长速度均低于全国平均水平。（2）教育投资。从数值来看，中等偏上户及其以上收入水平的教育投资均高于全国平均水平，而中等收入户及其以下收入水平的教育投资均低于全国平均水平。从增长速度来看，中等偏上户及其以上收入水平的教育投资增长速度均高于全国平均水平，而中等收入户及其以下收入水平的教育投资增长速度均低于全国平均水平。（3）迁移投资。从数值来看，中等偏上户及其以上收入水平的迁移投资均高于全国平均水平，而中等收入户及其以下收入水平的迁移投资均低于全国平均水平。从增长速度来看，高等收入户及其以上收入水平的迁移投资增长速度均高于全国平均水平，而中等偏上户及其以下收入水平的迁移投资增长速度均低于全国平均水平。（4）人力资本投资。从数值来看，中等偏上户及其以上收入水平的人力资本投资均高于全国平均水平，而中等收入户及其以下收入水平的人力资本投资均低于全国平均水平。从增长速度来看，中等偏上户及其以上收入水平的人力资本投资增长速度均高于全国平均水平，而中等收入户及其以下收入水平的人力资本投资增长速度均低于全国平均水平。

二、中国农村居民人力资本投资

1. 从全国层面来看，中国农村居民人力资本投资总体也呈现稳定持续增长的态势。从结构类型来看，健康投资、教育投资和迁移投资也均呈现出稳定增长的态势，但是增长速度存在差异。其中，迁移投资的增长速度最快，健康投资的增长速度较快，教育投资的增长最慢。从结构比重来看，健康投资比重总体水平相对较低，且呈现出先下降后上升的变动趋势；教育投资比重相对较高，但呈现缓慢下降的态势；迁移投资比重保持稳步上升的态势。

2. 从区域层面来看，中国各区域农村居民的健康投资、教育投资、迁移投资和人力资本投资水平均呈现稳定持续增长的态势，同时存在区域差异。（1）健康投资。从数值来看，东北地区和东部地区农村居民的健康投资均高于全国平均水平，中部地区和西部地区均低于全国平均水平，且变动趋势基本相同。从增长速度来看，中部地区最快，东北地区和西部地区略高于同期全国平均水平，东部地区最低。（2）教育投资。从数值来看，东部地区和东北地区农村居民的健康投资均高于全国平均水平，而中部地区和西部地区却低于全国平均水平。从增长速度来看，东北地区最快，其次是东部地区，再次是中部地区，最后是西部地区。（3）迁移投资。从数值来看，东部地区农村居民的迁移投资远高于全国平均水平，东北地区与全国平均水平差异不大，中部地区和西部地区低于全国平均水平，且两者变动趋势基本相同。从增长速度来看，西部地区最快，东部地区和中部地区的增长速度略低于同期全国增长率，东北地区最低。（4）人力资本投资。从数值来看，东部地区和东北地区农村居民的人力资本投资均高于全国平均水平，而中部地区和西部地区均低于全国平均水平。从增长速度来看，西部地区、东北地区和中部地区的增长速度较快，东部地区的增长速度最慢。

3. 从收入等级层面来看，中国各区域农村居民的健康投资、教育投资、迁移投资和人力资本投资水平均呈现稳定持续增长的态势，且农村居民的收入水平呈现明显的正相关。（1）健康投资。从数值来看，中高收入户及其以上收入水平的健康投资均高于全国平均水平，而中等收入户及其以下收入水平的健康投资均低于全国平均水平。从增长速度来看，农村居民健康投资的增长速度与其收入水平呈现明显的负相关。（2）教育投资。从数值来看，中高收入户及其以上收入水平的教育投资均高于全国平均水平，而中等收入户及其以下收入水平的教育投资均低于全国平均水平。从增长速度来看，低收入户、中高收入户和高收入户的教育投资增长速度均高于全国平均水平，而中低收入户和中等收入户的教育投资增长速度均低于全国平均水平。（3）迁移投资。从数值来看，中高收入户及其以上收入水平的迁移投资均高于全国平均水平，而中等收入户及其以下收入水平的迁移投资均低于全国平均水平。从增长速度来看，农村居民迁移投资的增长速度与其收入水平呈现明显的负相关。（4）人力资本投资。从数值来看，中高收入户及其以上收入水平的人力资本投资均高于全国平均水平，而中等收入户及其以下收入水平的人力资本投资均低于全国平均水平。从增长速度来看，农村居民人力资本投资的增长速度与其收入水平呈现明显的负相关。

三、中国城乡居民人力资本投资差异

1. 从全国层面来看，中国城乡居民人力资本投资的数值差异呈现不断扩大的趋势，从结构类型来看，城乡居民的健康投资、教育投资和迁移投资的数值差异也均呈现出不断扩大的趋势。其中，城乡居民健康投资差异比重最低，且呈现出先上升后下降的趋势；城乡居民教育投资差异比重最高，但总体基本呈现出下降的趋势；城乡居民迁移投资差异比重不断上升，且呈现出不断扩大的趋势。此外，中国城乡居民人力资本投资的比值差异呈现持续波动的变化特征，总体上呈现出先上升后下降的趋势。从结构类型来看，城乡居民健康投资的比值差异呈现出先上升后下降的趋势，城乡居民教育投资的比值差异总体基本呈现出不断上升的趋势，城乡居民迁移投资的比值差异总体基本呈现出不断下降的趋势。

2. 从区域层面来看，中国各区域城乡居民的健康投资、教育投资、迁移投资和人力资本投资均存在明显的数值差异和比值差异。(1) 健康投资。中国区域层面城乡居民健康投资的数值差异呈现持续的轻微波动趋势，东北地区城乡居民健康投资的数值差异最大；东部地区城乡居民健康投资的数值差异呈现出先上升后下降的趋势；中部地区城乡居民健康投资的数值差异低于全国平均水平，且呈现出持续的变动趋势；西部地区城乡居民健康投资的数值差异也低于全国平均水平，但呈现出持续增长的趋势。此外，中国区域层面城乡居民健康投资的比值差异均呈现出持续的下降趋势，西部地区城乡居民健康投资的比值差异最大，其次是中部地区，最后是东部地区和东北地区。(2) 教育投资。中国区域层面城乡居民教育投资的数值差异均呈现持续的上升趋势，东部地区差异最大；其次是中部和西部地区，最后是东北地区。中国区域层面城乡居民教育投资的比值差异呈现出轻微的波动趋势，西部地区差异最大，其次是东部地区和中部地区，最后是东北地区。(3) 迁移投资。中国区域层面城乡居民迁移投资的数值差异均呈现持续的上升趋势，东部地区差异最大，其次是西部地区，接着是中部和东北地区。中国区域层面城乡居民迁移投资的比值差异呈现出轻微的波动趋势，西部地区差异最大，随后依次是东部地区、中部地区和东北地区。(4) 人力资本投资。中国区域层面城乡居民人力资本投资的数值差异均呈现持续的上升趋势，东部地区差异最大，其次是西部地区，最后是中部和东北地区。中国区域层面城乡居民人力资本投资的比值差异均呈现出轻微的波动趋势，西部地区差异最大，其次是东部地区和中部地区，最后是东北地区。

3. 从收入等级层面来看，中国各收入等级城乡居民的健康投资、教育投资、迁移投资和人力资本投资均存在明显的数值差异和比值差异。（1）健康投资。中国收入等级层面城乡居民健康投资的数值差异呈现出波动的上升趋势，且与其收入水平呈现出显著的正相关。中国收入等级层面城乡居民健康投资的比值差异均呈现出下降趋势，中高收入户差异最高，高收入户、中等收入户和中低收入户差异基本与全国平均水平一致，而低收入户差异最低。（2）教育投资。中国收入等级层面城乡居民教育投资的数值差异呈现出稳定的上升趋势，且与其收入水平呈现出显著的正相关。中国收入等级层面城乡居民教育投资的比值差异呈现出轻微的波动趋势，高收入户差异较高，低收入户差异最低，而其他收入等级差异与全国平均水平一致。（3）迁移投资。中国收入等级层面城乡居民迁移投资的数值差异也呈现出稳定的上升趋势，且与其收入水平也呈现出显著的正相关。中国收入等级层面城乡居民迁移投资的比值差异呈现出波动的下降趋势。（4）人力资本投资。中国收入等级层面城乡居民人力资本投资的数值差异也呈现出稳定的上升趋势，且与其收入水平也呈现出显著的正相关。中国收入等级层面城乡居民人力资本投资的比值差异呈现出轻微的波动趋势，高收入户差异略高于全国平均水平，中低收入户和低收入户差异均低于全国平均水平，而其他收入等级差异与全国平均水平相差不大。

第三章

中国城乡收入差距分析

如何测度城乡收入差距？根据现有文献统计资料，在此选择城镇居民家庭人均可支配收入来衡量城镇居民的收入水平，选择农村居民家庭人均纯收入来衡量农村居民的收入水平，并采用两者的数值差值来衡量城乡绝对收入差距，采用两者的数值比值来衡量城乡相对收入差距。同时，分别按照名义价格和实际价格来衡量城乡居民的收入水平，以更全面地反映中国城乡收入差距的演变趋势。为了更好地了解中国城乡收入差距现状，本章分别基于全国、区域和收入等级层面分析中国城乡收入差距的演变趋势。

第一节　中国城乡收入差距的总体演变趋势

改革开放前，国家没有发布过中国城乡收入差距方面的准确信息，推测在2.5∶1左右（李昌明、王彬彬，2010），因而主要分析改革开放后中国城乡收入差距的演变趋势。相关研究表明，由于户籍制度壁垒所造成的城乡二元经济结构使得中国城乡收入差距存在持续扩大的趋势，并没有出现明显的缩小趋势。因此，有必要运用现有统计资料和数据对中国城乡收入差距的总体演变趋势进行分析，以真正了解中国城乡收入差距的真实情况。下面基于全国层面视角分析中国城乡居民的绝对收入差距和相对收入差距，现有统计资料只涉及1978～2013年的数据。所有原始数据均来源于历年《中国统计年鉴》。

一、城乡居民收入现状

通过分析全国城镇居民家庭人均可支配收入和农村居民家庭人均纯收入的发展趋势，认识和了解城乡居民收入的现状和趋势，为后面分析城乡收入差距提供基础数据。

根据图 3 –1 可以发现，中国城乡居民收入水平（名义价格）总体上均呈现出稳定持续增长的态势。具体来看，城镇居民家庭人均可支配收入从 1978 年的 343. 40 元增加到 2013 年的 26 955. 10 元，年均增长率为 13. 28%，农村居民家庭人均纯收入从 1978 年的 133. 60 元增加到 2013 年的 8 895. 91 元，年均增长率为 12. 74%。由此可见，尽管城乡居民的收入水平均呈现出大幅度增长的态势，但是城镇居民收入的增长速度超过了农村居民收入的增长速度。

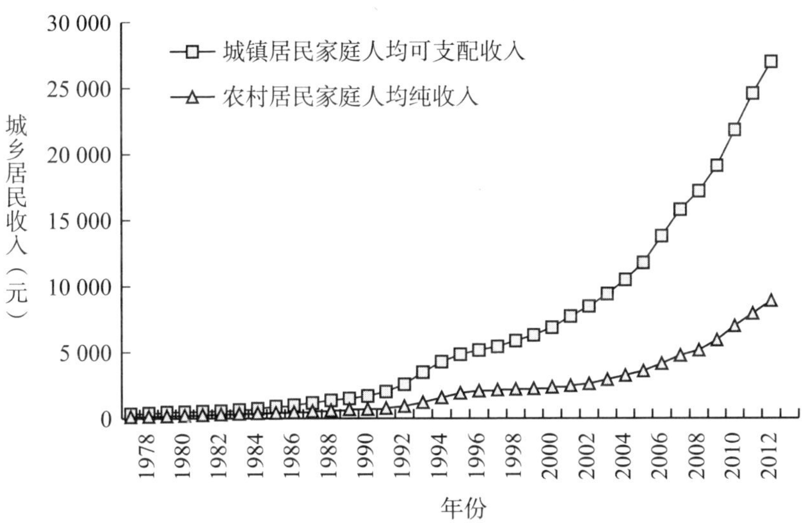

图 3 –1　1978 ~2013 年中国城乡居民收入（名义价格）的变动趋势

根据图 3 –2 可以发现，中国城乡居民收入水平（实际价格）总体上也均呈现出持续增长的态势。在此实际价格衡量是以 1978 年价格水平为基准。具体来看，城镇居民家庭人均可支配收入从 1978 年的343.40元增加到2013年的2 196.83元，年均增长率为5.45%，农村居民家庭人均纯收入从1978年的133.60元增加到2013年的691.53元，年均增长率为4.81%。由此可见，在剔除价格水平的影响后，城乡居民的收入水平也均呈现出大幅度增长的态势，且城镇居民收入的增长速度也超过了农村居民收入的增长速度。

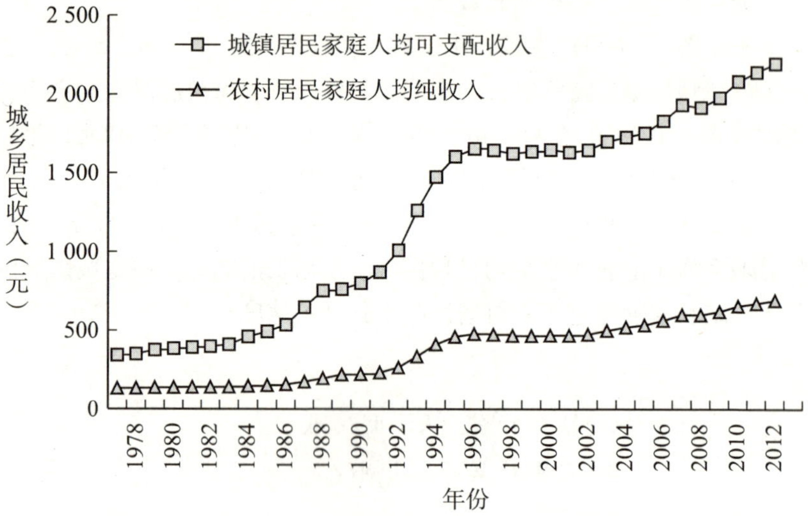

图3－2　1978～2013年中国城乡居民收入（实际价格）的变动趋势

二、城乡收入差距趋势

在分析和了解城乡居民收入的现状和趋势上，分析城乡居民的绝对收入差距和相对收入差距。

根据图3－3可以发现，中国城乡居民绝对收入差距均呈现出持续扩大的态势。在此实际价格衡量也是以1978年价格水平为基准。具体来看，中国城乡居民名义绝对收入差距从1978年的209.80元增加到2013年的18 059.19元，收入差距扩大了86倍多，而中国城乡居民实际绝对收入差距从1978年的209.80元增加到2013年的1 505.29元，收入差距扩大了7倍多。因此可见，1978年以来中国城乡绝对收入差距总体上呈现出扩大的趋势。

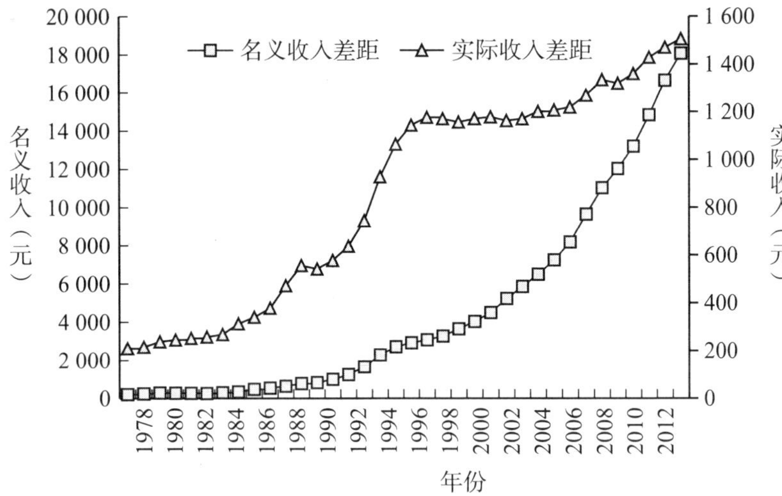

图 3-3 1978～2013 年中国城乡居民绝对收入差距的变动趋势

根据图 3-4 可以发现，中国城乡居民相对收入差距呈现出波动的趋势，并具有明显的阶段性特征。从名义收入差距来看，中国城乡居民收入差距的状态可分为四个阶段：（1）第一阶段：城乡居民收入差距缩小阶段（1978～1985 年）。该阶段中，中国城乡居民收入差距从 1978 年的 2.57∶1 缩小到 1985 年的 1.86∶1。（2）第二阶段：城乡居民收入差距轻微波动阶段（1986～2000 年）。该阶段内中国城乡居民收入差距保持在 2.13∶1～2.86∶1 之间。其中，1986～1994 年城乡之间居民收入差距呈现稳步上升的趋势，而之后开始出现下降的趋势，但从 1998 年起又呈现逐步扩大的趋势。（3）第三阶段：城乡居民收入差距扩大阶段（2001～2009 年）。该阶段内中国城乡居民收入差距扩大到 3.33∶1。2007 年全国城乡居民人均收入比扩大到了 3.33∶1，2008 年下降了 0.02，2009 年又恢复到 3.33∶1。（4）第四阶段：城乡居民收入差距开始缓慢缩小阶段（2010～2013 年）。该阶段中，城乡居民收入差距开始出现较为稳定的逐渐缓慢下降的趋势，从 2010 年的 3.23∶1 下降为 2013 年的 3.03∶1。从实际收入差距来看，中国城乡居民收入差距的状态可分为四个阶段：（1）第一阶段：城乡居民收入差距扩大阶段（1978～1989 年）。该阶段中，中国城乡居民收入差距从1978年的2.57:1缩小到1989年的3.83:1。(2) 第二阶段：城乡居民收入差距轻微波动阶段（1990~1996年)。该阶段内城乡之间居民收入差距在1990~1993年呈现稳步上升的趋势，而之后开始出现下降的趋势。(3) 第三阶段：城乡居民收入差距稳定阶段（1997~2003年)。该阶段内中国城乡居民收入差距基本稳定在扩大到3.50:1左右。(4) 第四阶段：城乡居民收入差距开始缓慢缩小阶段（2004~2013年)。该阶段中，城乡居民收入差距开始出现稳定的逐渐缓慢下降的趋势，从2004年的3.40:1下降为2013年的3.18:1。

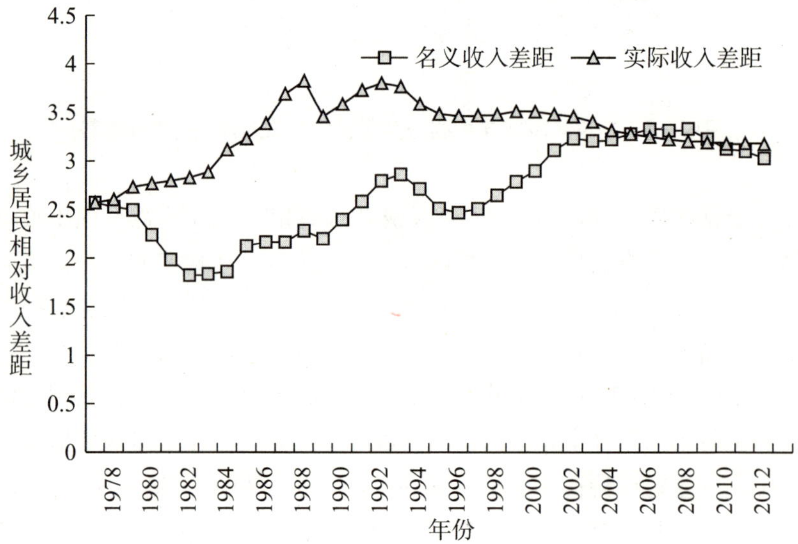

图3-4　1978~2013年中国城乡居民相对收入差距的变动趋势

第二节　中国城乡收入差距的差异分析

一、区域层面

下面基于区域层面视角分析中国城乡居民的绝对收入差距和相对

收入差距，现有统计资料只涉及 2005 ~ 2013 年的数据。

（一）城镇居民收入

根据图 3 - 5 可以发现，中国各区域城镇居民收入水平（名义价格）均呈现稳定持续增长的态势，但是存在一定的区域差异。从数值来看，东部地区城镇居民人均可支配收入从 2005 年的 13 374. 88 元/人增加到 2013 年的 32 471. 01 元/人，其收入高于全国平均水平；其他地区均低于全国平均水平，且差异不大。具体来看，中部地区城镇居民人均可支配收入从 2005 年的 8 808. 52 元/人增加到 2013 年的 22 736. 11 元/人；西部地区城镇居民人均可支配收入从 2005 年的 8 783. 17 元/人增加到 2013 年的 22 710. 13 元/人；东北地区城镇居民人均可支配收入从 2005 年的 8 729. 96 元/人增加到 2013 年的 22 874. 55 元/人。从增长速度来看，中部地区、西部地区和东北地区的增长速度均略高于同期全国平均水平，其年均增长率分别为 12. 58%、12. 61% 和 12. 80%，均高于全国年均增长率 12. 52%；东部地区的增长速度略低于同期全国平均水平，其年均增长率为 11. 73%。

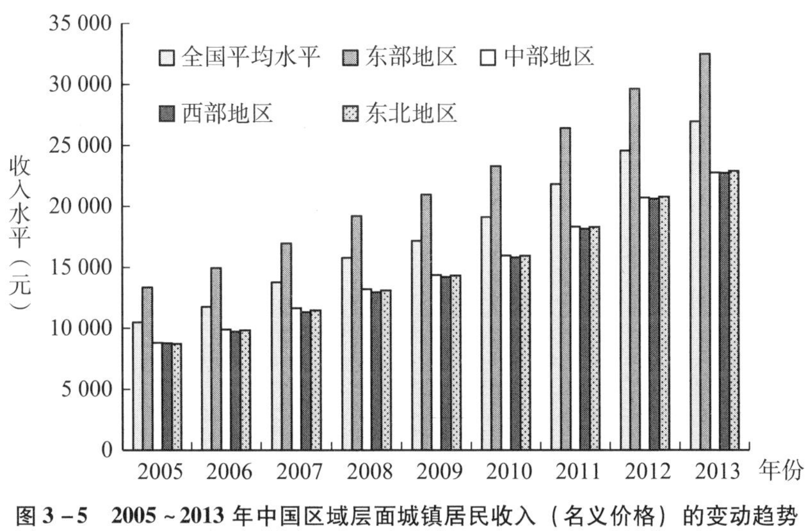

图 3 - 5　2005 ~ 2013 年中国区域层面城镇居民收入（名义价格）的变动趋势

根据图 3 -6 可以发现，中国各区域城镇居民收入水平（实际价格）也均呈现稳定持续增长的态势，但是存在一定的区域差异。从数值来看，东部地区城镇居民人均可支配收入从 2005 年的 13 374. 88 元/人增加到 2013 年的 25 571. 39 元/人，其收入高于全国平均水平；其他地区均低于全国平均水平，且差异不大。具体来看，中部地区城镇居民人均可支配收入从 2005 年的 8 808. 52 元/人增加到 2013 年的 17 904. 46 元/人；西部地区城镇居民人均可支配收入从 2005 年的 8 783. 17 元/人增加到 2013 年的 17 884. 00 元/人；东北地区城镇居民人均可支配收入从 2005 年的 8 729. 96 元/人增加到 2013 年的 18 013. 48 元/人。从增长速度来看，中部地区、西部地区和东北地区的增长速度均略高于同期全国平均水平，其年均增长率分别为 9. 27%、9. 30% 和 9. 48%，均高于全国年均增长率 9. 21%；东部地区的增长速度略低于同期全国平均水平，其年均增长率为 8. 44%。

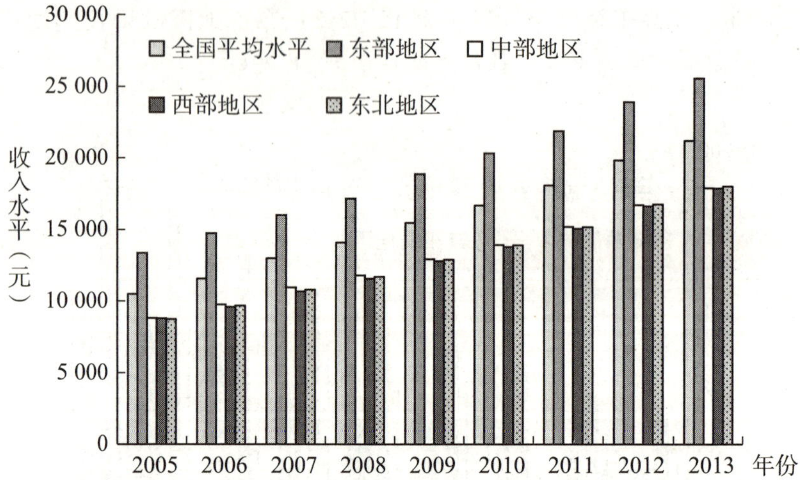

图 3 -6　2005 ~ 2013 年中国区域层面城镇居民收入（实际价格）的变动趋势

（二）农村居民收入

根据图 3 -7 可以发现，中国各区域农村居民收入水平（名义价格）均呈现稳定持续增长的态势，但是存在一定的区域差异。从数值来看，东部地区农村居民人均纯收入从 2005 年的 4 720. 28 元/人增加到 2013 年的 12 052. 08 元/人，其收入远高于全国平均水平；东北地区农村居民人均纯收入从 2005 年的 3 378. 98 元/人增加到 2013 年的 9 909. 15 元/人，其收入稍高于全国平均水平；中部地区农村居民人均纯收入从 2005 年的 2 956. 60 元/人增加到 2013 年的 8 376. 50 元/人，其收入略低于全国平均水平；西部地区农村居民人均纯收入从 2005 年的 2 378. 91 元/人增加到 2013 年的 6 833. 58 元/人，其收入低于全国平均水平。从增长速度来看，中部地区、西部地区和东北地区的增长速度均略高于同期全国平均水平，其年均增长率分别为 13. 90%、14. 10% 和 14. 39%，均高于全国年均增长率 13. 39%；东部地区的增长速度略低于同期全国平均水平，其年均增长率为 12. 43%。

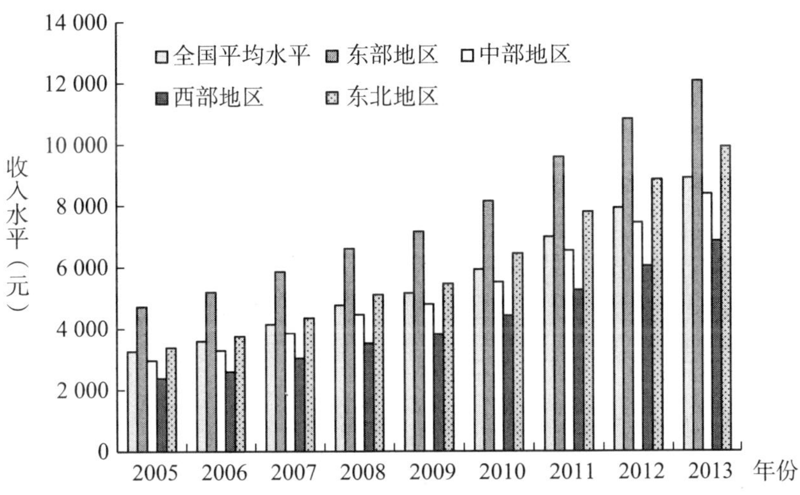

图 3－7　2005～2013 年中国区域层面农村居民收入（名义价格）的变动趋势

根据图 3－8 可以发现，中国各区域农村居民收入水平（实际价格）也均呈现稳定持续增长的态势，但是存在一定的区域差异。从数值来看，东部地区农村居民人均纯收入从 2005 年的 4 720. 28 元/人增加到 2013 年的 9 192. 55 元/人，其收入远高于全国平均水平；

东北地区农村居民人均纯收入从 2005 年的 3 378. 98 元/人增加到 2013 年的 7 558. 06 元/人，其收入稍高于全国平均水平；中部地区农村居民人均纯收入从 2005 年的 2 956. 60 元/人增加到 2013 年的 6 389. 05 元/人，其收入略低于全国平均水平；西部地区农村居民人均纯收入从 2005 年的 2 378. 91 元/人增加到 2013 年的 5 212. 21 元/人，其收入低于全国平均水平。从增长速度来看，中部地区、西部地区和东北地区的增长速度均略高于同期全国平均水平，其年均增长率分别为 10. 11%、10. 30% 和 10. 59%，均高于全国年均增长率 9. 62%；东部地区的增长速度略低于同期全国平均水平，其年均增长率为 8. 69%。

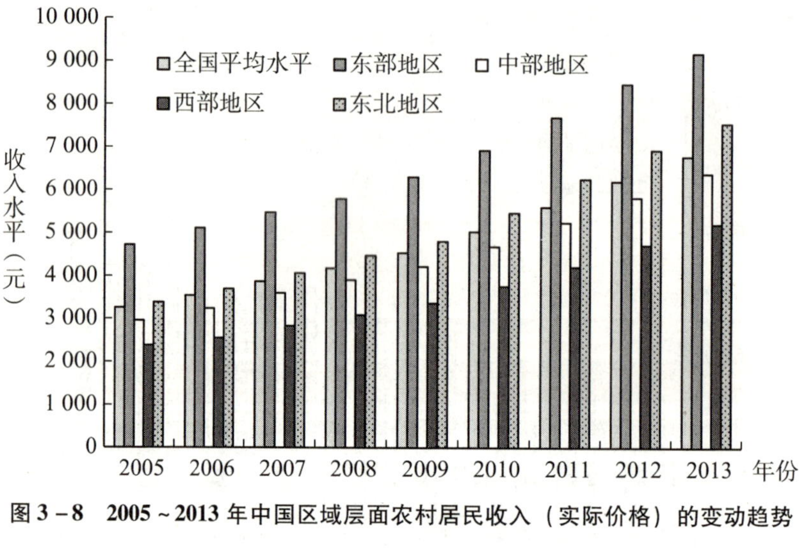

图 3 – 8　2005 ~ 2013 年中国区域层面农村居民收入（实际价格）的变动趋势

（三）城乡收入差距

在分别了解和分析城镇居民家庭人均可支配收入和农村居民家庭人均纯收入的现状和趋势上，分析城乡居民的绝对收入差距和相对收入差距。

根据图 3 – 9 可以发现，中国区域层面城乡居民绝对收入差距（名义价格）呈现出持续扩大的趋势。从地区类型来看，东部地区城乡居民绝对收入差距的数值最大，从 2005 年的 8 654.60 元增加到 2013 年的 20 419.93 元，超过全国平均水平；东北地区城乡居民绝对收入差距的数值最小，从 2005 年的 5 350.98 元增加到 2013 年的 12 965.40 元，远低于全国平均水平；西部地区城乡居民绝对收入差距的数值略低于全国平均水平，从 2005 年的 6 404.26 元增加到 2013 年的 15 876.55 元；中部地区城乡居民绝对收入差距的数值低于全国平均水平，从 2005 年的 5 851.92 元增加到 14 359.61 元。

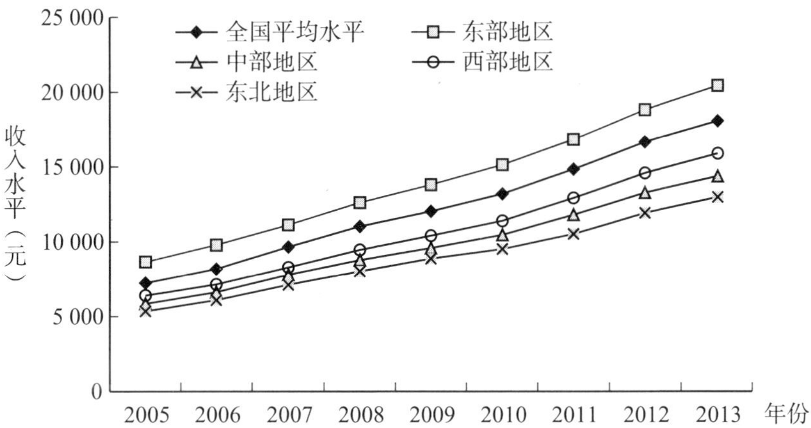

图 3-9　2005~2013 年中国区域层面城乡居民绝对收入差距（名义价格）的变动趋势

根据图 3-10 可以发现，中国区域层面城乡居民绝对收入差距（实际价格）呈现出持续扩大的趋势，其总体变动趋势与名义价格所衡量的变动趋势基本类似。在此实际价格衡量是以 2005 年价格水平为基准。从地区类型来看，东部地区城乡居民绝对收入差距的数值最大，从 2005 年的 8 654.60 元增加到 2013 年的 16 378.84 元，超过全国平均水平；东北地区城乡居民绝对收入差距的数值最小，从 2005 年的 5 350.98 元增加到 2013 年的 10 455.42 元，远低于全国平均水平；西部地区城乡居民绝对收入差距的数值略低于全国平均水平，从 2005 年的 6 404.26 元增加到 2013 年的 12 671.79 元；中部地区城乡居民绝对收入差距的数值低于全国平均水平，从 2005 年的 5 851.92

元增加到 11 515.41 元。

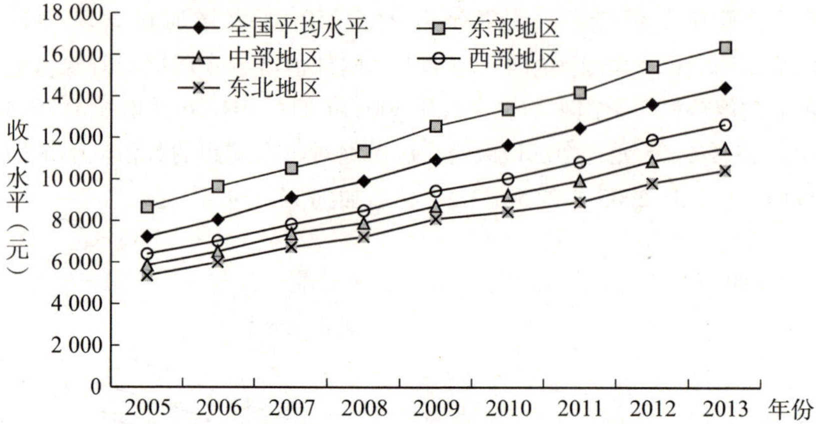

图 3-10　2005～2013 年中国区域层面城乡居民绝对收入差距（实际价格）的变动趋势

根据图 3-11 可以发现，中国区域层面城乡居民相对收入差距（名义价格）呈现出轻微的先上升后下降的趋势，从 2005 年开始缓慢上升，在 2009 年达到最大值，随后开始缓慢下降。从地区类型来

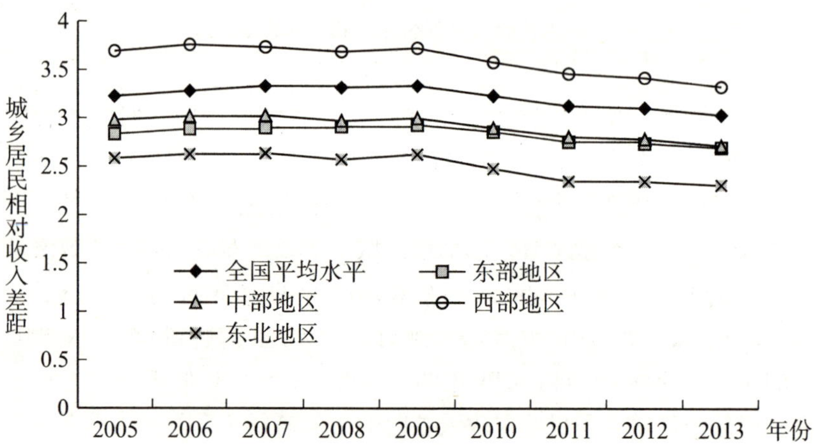

图 3-11　2005～2013 年中国区域层面城乡居民相对收入差距（名义价格）的变动趋势

看，西部地区城乡居民相对收入差距的数值最大，超过全国平均水平；东北地区城乡居民相对收入差距的数值最小，远低于全国平均水平；中部和东部地区城乡居民相对收入差距的数值均低于全国平均水平，且两者差距不大。

根据图 3－12 可以发现，中国区域层面城乡居民相对收入差距（实际价格）呈现出轻微的先上升后下降的趋势，从 2005 年开始缓慢上升，在 2009 年达到最大值，随后开始缓慢下降。其总体变动趋势与名义价格所衡量的变动趋势基本类似。在此实际价格衡量是以 2005 年价格水平为基准。从地区类型来看，西部地区城乡居民相对收入差距的数值最大，均超过全国平均水平；东北地区城乡居民相对收入差距的数值最小，远低于全国平均水平；中部和东部地区城乡居民相对收入差距的数值均低于全国平均水平，且两者差距不大。

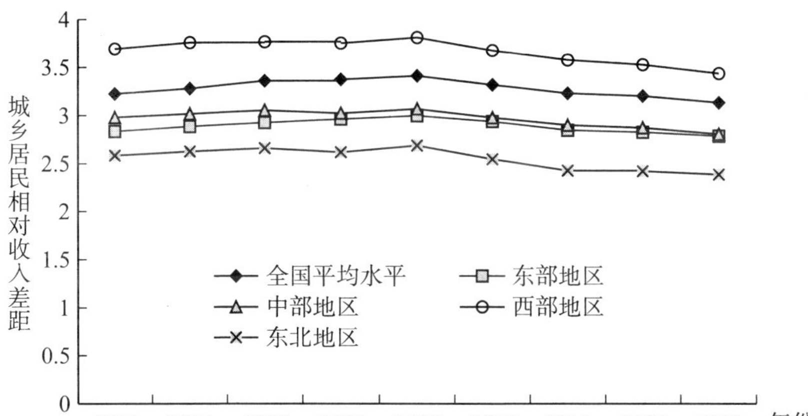

图 3－12　2005～2013 年中国区域层面城乡居民相对收入差距（实际价格）的变动趋势

二、收入等级层面

下面基于收入等级层面视角分析中国城乡居民的绝对收入差距和相对收入差距，现有统计资料只涉及 2000～2013 年的数据。

（一）城镇居民收入

根据图3－13可以发现，中国各收入等级的城镇居民收入水平（名义价格）均呈现稳定持续增长的态势，且不同收入等级间收入差距比较明显。从数值来看，城镇中等偏上户及其以上的收入水平均高于全国平均水平，而中等收入户及其以下的收入水平均低于全国平均水平。具体来看，城镇低收入户的人均可支配收入从2000年的3 132.00元/人增加到2013年的11 433.71元/人，其收入远低于全国平均水平；城镇中等偏下户的人均可支配收入从2000年的4 623.54元/人增加到2013年的18 482.73元/人，其收入低于全国平均水平；城镇中等收入户的人均可支配收入从2000年的5 897.92元/人增加到2013年的24 518.29元/人，其收入略低于全国平均水平；城镇中等偏上户的人均可支配收入从2000年的7 487.37元/人增加到2013年的32 415.05元/人，其收入高于全国平均水平；城镇高收入户的人均可支配收入从2000年的11 299.00元/人增加到2013年的56 389.46元/人，其收入远高于全国平均水平。从增长速度来看，中等偏上户

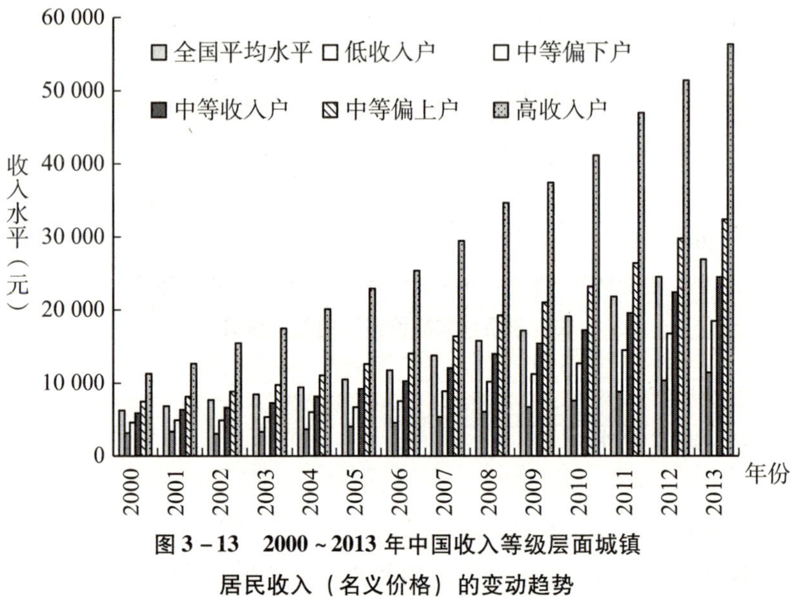

图3－13　2000～2013年中国收入等级层面城镇居民收入（名义价格）的变动趋势

及其以上的收入增长速度均高于全国平均水平，年均增长率分别为11.93%和13.16%，均高于全国年均增长率11.86%，而中等收入户及其以下的收入增长速度均低于全国平均水平，年均增长率分别为11.58%、11.25%和10.47%。

根据图3-14可以发现，中国各收入等级的城镇居民收入水平（实际价格）也均呈现稳定持续增长的态势，且不同收入等级间收入差距比较明显。从数值来看，城镇中等偏上户及其以上的收入水平均高于全国平均水平，而中等收入户及其以下的收入水平均低于全国平均水平。具体来看，城镇低收入户的人均可支配收入从2000年的3 132.00元/人增加到2013年的8 521.56元/人，其收入远低于全国平均水平；城镇中等偏下户的人均可支配收入从2000年的4 623.54元/人增加到2013年的13 775.20元/人，其收入低于全国平均水平；城镇中等收入户的人均可支配收入从2000年的5 897.92元/人增加到2013年的18 273.51元/人，其收入略低于全国平均水平；城镇中等偏上户的人均可支配收入从2000年的7 487.37元/人增加到2013年的24 158.98元/人，其收入高于全国平均水平；城镇高收入户的人

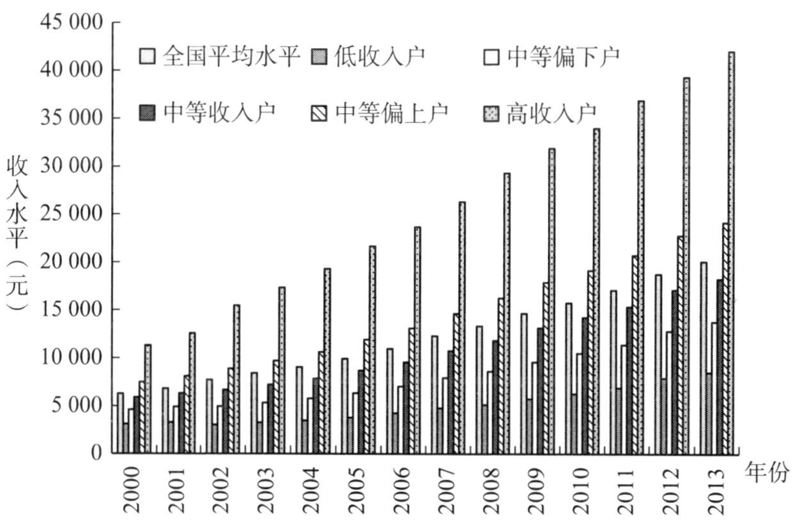

图3-14　2000~2013年中国收入等级层面城镇居民收入（实际价格）的变动趋势

均可支配收入从2000年的11 299.00元/人增加到2013年的42 027.14元/人，其收入远高于全国平均水平。从增长速度来看，中等偏上户及其以上的收入增长速度均高于全国平均水平，年均增长率分别为9.43%和10.63%，均高于全国年均增长率9.36%，而中等收入户及其以下的收入增长速度均低于全国平均水平，年均增长率分别为9.09%、8.76%和8.00%。

（二）农村居民收入

根据图3-15可以发现，中国各收入等级的农村居民收入水平（名义价格）均呈现稳定持续增长的态势，且不同收入等级间收入差距比较明显。从数值来看，农村中等偏上户及其以上的收入水平均高于全国平均水平，而中等收入户及其以下的收入水平均低于全国平均水平。具体来看，农村低收入户的人均纯收入从2000年的802.00元/人增加到2013年的2 583.23元/人，其收入远低于全国平均水平；农村中等偏下户的人均纯收入从2000年的1 440.00元/人增加到2013年的5 516.40元/人，其收入低于全国平均水平；农村中等收入户的人均纯收入从2000年的2 004.00元/人增加到2013年的7 942.14元/人，其收入略低于全国平均水平；农村中等偏上户的人均纯收入从2000年的2 767.00元/人增加到2013年的11 373.03元/人，其收入高于全国平均水平；农村高收入户的人均纯收入从2000年的5 190.00元/人增加到2013年的21 272.70元/人，其收入远高于全国平均水平。从增长速度来看，中等收入户及其以上的收入增长速度均高于全国平均水平，年均增长率分别为11.17%、11.49%和11.46%，均高于全国年均增长率11.14%，而中等偏下户及其以下的收入增长速度均低于全国平均水平，年均增长率分别为10.88%和9.41%。

根据图3-16可以发现，中国各收入等级的农村居民收入水平（实际价格）也均呈现稳定持续增长的态势，且不同收入等级间收入差距比较明显。从数值来看，农村中等偏上户及其以上的收入水平均高于全国平均水平，而中等收入户及其以下的收入水平均低于全国平

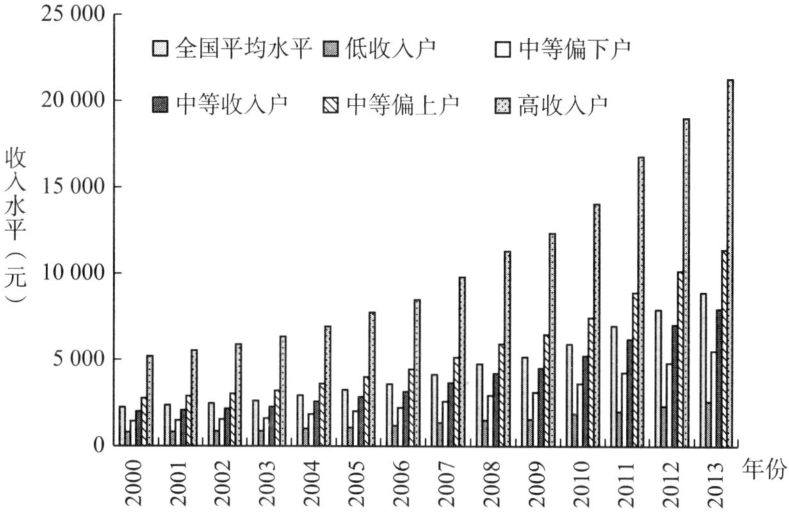

图 3－15　2000～2013 年中国收入等级层面农村居民收入（名义价格）的变动趋势

均水平。具体来看，农村低收入户的人均纯收入从 2000 年的 802.00 元/人增加到 2013 年的 1 803.54 元/人，其收入远低于全国平均水平；农村中等偏下户的人均纯收入从 2000 年的 1 440.00 元/人增加到 2013 年的 3 851.39 元/人，其收入低于全国平均水平；农村中等收入户的人均纯收入从 2000 年的 2 004.00 元/人增加到 2013 年的 5 544.97 元/人，其收入略低于全国平均水平；农村中等偏上户的人均纯收入从 2000 年的 2 767.00 元/人增加到 2013 年的 7 940.32 元/人，其收入高于全国平均水平；农村高收入户的人均纯收入从 2000 年的 5 190.00 元/人增加到 2013 年的 14 851.98 元/人，其收入远高于全国平均水平。从增长速度来看，中等收入户及其以上的收入增长速度均高于全国平均水平，年均增长率分别为 8.14%、8.45% 和 8.42%，均高于全国年均增长率 8.11%，而中等偏下户及其以下的收入增长速度均低于全国平均水平，年均增长率分别为 7.86% 和 6.43%。

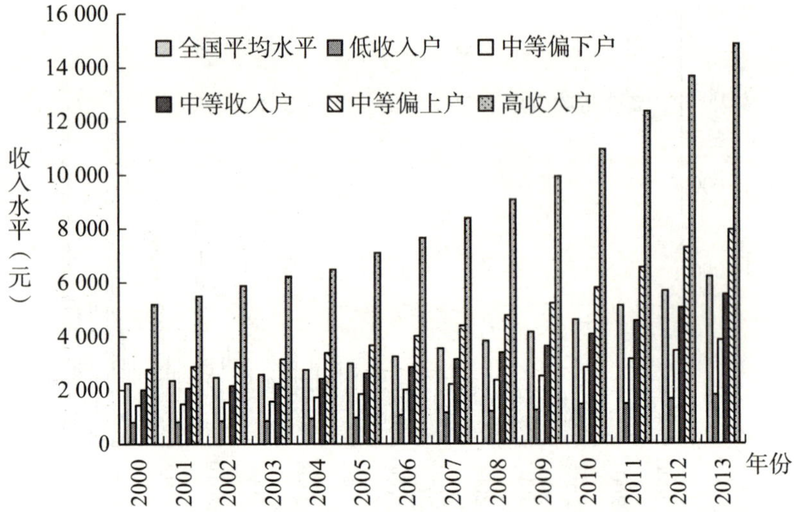

图 3-16　2000～2013 年中国收入等级层面农村居民收入（实际价格）的变动趋势

（三）城乡收入差距

在分别了解和分析城镇居民家庭人均可支配收入和农村居民家庭人均纯收入的现状和趋势上，分析城乡居民的绝对收入差距和相对收入差距。

根据图 3-17 可以发现，中国收入等级层面城乡居民绝对收入差距（名义价格）呈现出持续扩大的趋势。从收入等级来看，城乡居民绝对收入差距与其收入水平呈现出显著的正相关，即收入等级越高，城乡居民绝对收入差距的数值差距越大，反之亦然。具体来说，城乡居民高收入户和中等偏上户的绝对收入差距分别从 2000 年的 6 109.00 元和 4 720.37 元增加到 2013 年的 35 116.76 元和 21 042.02 元，均高于全国平均水平，而其他收入等级的绝对收入差距均低于全国平均水平，其中，中等收入户的绝对收入差距从 2000 年的 3 893.92 元增加到 2013 年的 16 576.15 元，中等偏下户的绝对收入差距从 2000 年的 3 183.54 元增加到 2013 年的 12 966.33 元，低收入户的绝对收入差距从 2000 年的 2 330.00 元增加到 2013 年的 8 850.48 元。

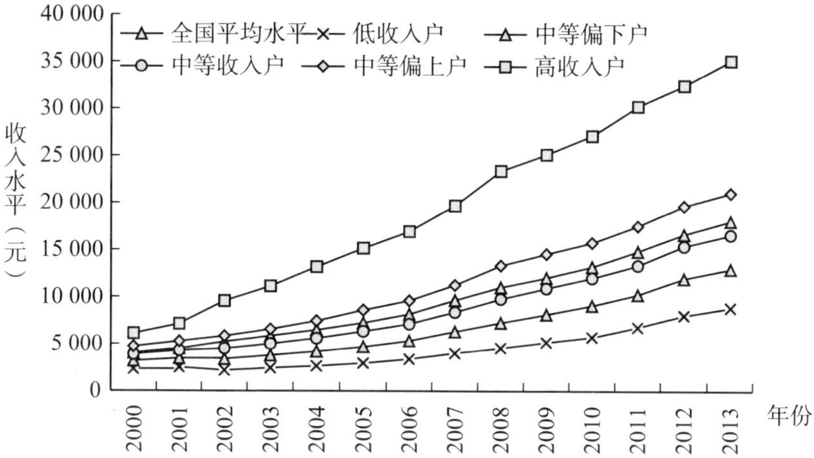

图 3-17　2000~2013 年中国收入等级层面城乡居民绝对收入差距（名义价格）的变动趋势

根据图 3-18 可以发现，中国收入等级层面城乡居民绝对收入差距（实际价格）也呈现出持续扩大的趋势。其总体变动趋势与名义价格所衡量的变动趋势基本类似。在此实际价格衡量是以 2000 年价格水平为基准。从收入等级来看，城乡居民绝对收入差距与其收入水平也呈现出显著的正相关。具体来说，城乡居民高收入户和中等偏上户的绝对收入差距分别从 2000 年的 6 109.00 元和 4 720.37 元增加 2013 年的 27 175.16 元和 16 218.66 元，均高于全国平均水平，而其他收入等级的绝对收入差距均低于全国平均水平，其中，中等收入户的绝对收入差距从 2000 年的 3 893.92 元增加到 2013 年的 12 728.54 元，中等偏下户的绝对收入差距从 2000 年的 3 183.54 元增加到 2013 年的 9 923.81 元，低收入户的绝对收入差距从 2000 年的 2 330.00 元增加到 2013 年的 6 718.02 元。

根据图 3-19 可以发现，中国收入等级层面城乡居民相对收入差距（名义价格）呈现出轻微的先上升后下降的趋势，从 2000 年开始缓慢上升，在 2009 年达到最大值，随后开始缓慢下降。从收入等级来看，城乡居民相对收入差距与其收入水平呈现出显著的负相关，即收入等级越高，城乡居民相对收入差距的数值差距越小，反之亦然。具体来说，城乡居民低收入户的相对收入差距的数值最大，远超过全

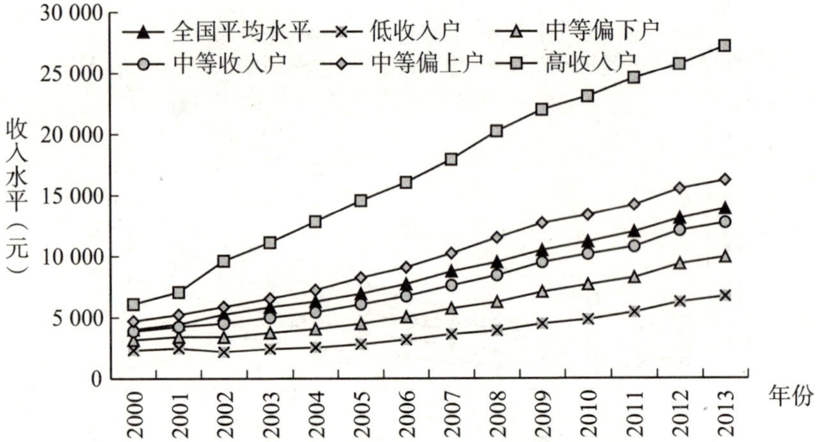

图 3－18　2000～2013 年中国收入等级层面城乡居民绝对收入差距（实际价格）的变动趋势

国平均水平；城乡居民中等偏下户的相对收入差距的数值略高于全国平均水平；城乡居民中等收入户的相对收入差距的数值与全国平均水平基本一致；城乡居民中等偏上户的相对收入差距的数值略低于全国平均水平；城乡居民高收入户的相对收入差距的数值最小，远低于全国平均水平。

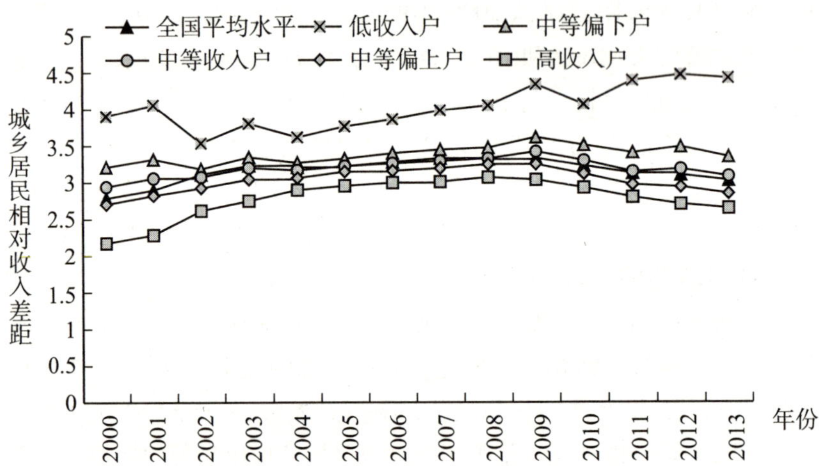

图 3－19　2000～2013 年中国收入等级层面城乡居民相对收入差距（名义价格）的变动趋势

根据图 3－20 可以发现，中国收入等级层面城乡居民相对收入差距（实际价格）也呈现出轻微的先上升后下降的趋势，从 2000 年开始缓慢上升，在 2009 年达到最大值，随后开始缓慢下降。其总体变动趋势与名义价格所衡量的变动趋势基本类似。在此实际价格衡量是以 2000 年价格水平为基准。从收入等级来看，城乡居民相对收入差距也与其收入水平呈现出显著的负相关。具体来说，城乡居民低收入户的相对收入差距的数值最大，远超过全国平均水平；城乡居民中等偏下户的相对收入差距的数值略高于全国平均水平；城乡居民中等收入户的相对收入差距的数值与全国平均水平基本一致；城乡居民中等偏上户的相对收入差距的数值略低于全国平均水平；城乡居民高收入户的相对收入差距的数值最小，远低于全国平均水平。

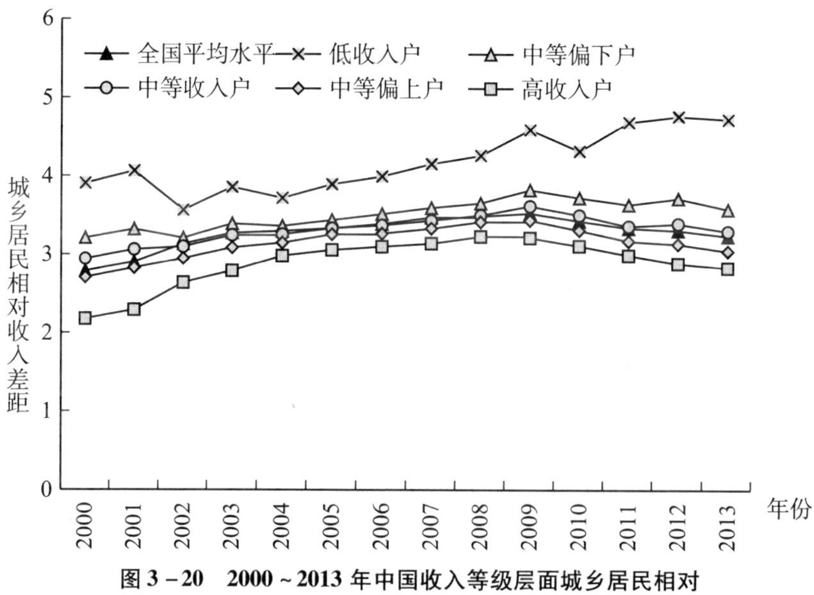

图 3－20　2000～2013 年中国收入等级层面城乡居民相对收入差距（实际价格）的变动趋势

本章小结

本章首先介绍中国城乡收入差距的总体演变趋势，然后从区域和收入等级层面分别介绍城乡收入水平和收入差距的演变趋势及其差异，得出以下主要结论：

一、中国城乡收入差距的总体演变趋势

中国城乡居民收入水平总体上均呈现出稳定持续增长的态势，且城镇居民收入的增长速度超过了农村居民收入的增长速度。中国城乡居民绝对收入差距呈现出持续扩大的态势。中国城乡居民名义绝对收入差距从1978年到2013年扩大了86倍，而实际绝对收入差距扩大了7倍。

中国城乡居民相对收入差距呈现出波动的趋势，并具有明显的阶段性特征。从名义收入差距来看，可分为四个阶段：城乡居民收入差距缩小阶段（1978～1985年）、城乡居民收入差距轻微波动阶段（1986～2000年）、城乡居民收入差距扩大阶段（2001～2009年）和城乡居民收入差距开始缓慢缩小阶段（2010～2013年）。从实际收入差距来看，也可分为四个阶段：城乡居民收入差距扩大阶段（1978～1989年）、城乡居民收入差距轻微波动阶段（1990～1996年）、城乡居民收入差距稳定阶段（1997～2003年）和城乡居民收入差距开始缓慢缩小阶段（2004～2013年）。

二、中国城乡收入差距的区域差异

中国各区域城镇居民收入水平均呈现稳定持续增长的态势，但存在一定的区域差异。从数值来看，东部地区城镇居民人均可支配收入高于全国平均水平；其他地区均低于全国平均水平，且差异不大。从增长速度来看，中部地区、西部地区和东北地区的增长速度均略高于同期全国平均水平，而东部地区的增长速度略低于同期全国平均水平。

中国各区域农村居民收入水平均呈现稳定持续增长的态势，也存在一定的区域差异。从数值来看，东部地区农村居民人均纯收入远高于全国平均水平；东北地区农村居民人均纯收入稍高于全国平均水

平；中部地区农村居民人均纯收入略低于全国平均水平；西部地区农村居民人均纯收入低于全国平均水平。从增长速度来看，中部地区、西部地区和东北地区的增长速度均略高于同期全国平均水平，而东部地区的增长速度略低于同期全国平均水平。

中国区域层面城乡居民绝对收入差距呈现出持续扩大的趋势。从地区类型来看，东部地区城乡居民绝对收入差距的数值最大，超过全国平均水平；东北地区城乡居民绝对收入差距的数值最小，远低于全国平均水平；西部地区城乡居民绝对收入差距的数值略低于全国平均水平；中部地区城乡居民绝对收入差距的数值低于全国平均水平。

中国区域层面城乡居民相对收入差距呈现出轻微的先上升后下降的趋势。从地区类型来看，西部地区城乡居民相对收入差距的数值最大，超过全国平均水平；东北地区城乡居民相对收入差距的数值最小，远低于全国平均水平；中部和东部地区城乡居民相对收入差距的数值均低于全国平均水平，且两者差距不大。

三、中国城乡收入差距的收入等级差异

中国各收入等级的城镇居民收入水平均呈现稳定持续增长的态势，且不同收入等级间收入差距比较明显。从数值来看，城镇中等偏上户及其以上的收入水平均高于全国平均水平，而中等收入户及其以下的收入水平均低于全国平均水平。从增长速度来看，中等偏上户及其以上的收入增长速度均高于全国平均水平，而中等收入户及其以下的收入增长速度均低于全国平均水平。

中国各收入等级的农村居民收入水平也均呈现稳定持续增长的态势，且不同收入等级间收入差距比较明显。从数值来看，农村中等偏上户及其以上的收入水平均高于全国平均水平，而中等收入户及其以下的收入水平均低于全国平均水平。从增长速度来看，中等收入户及其以上的收入增长速度均高于全国平均水平，而中等偏下户及其以下的收入增长速度均低于全国平均水平。

中国收入等级层面城乡居民绝对收入差距呈现出持续扩大的趋

势。从收入等级来看，城乡居民绝对收入差距与其收入水平呈现出显著的正相关。

中国收入等级层面城乡居民相对收入差距呈现出轻微的先上升后下降的趋势，从 2000 年开始缓慢上升，在 2009 年达到最大值，随后开始缓慢下降。从收入等级来看，城乡居民相对收入差距与其收入水平呈现出显著的负相关。

第四章

中国居民人力资本投资对城乡收入差距的理论分析

结合现有人力资本经典理论，以引入人力资本的索罗模型（MRW 模型）和依据柯布 – 道格拉斯生产技术组合生成人力资本函数为基础，构建城乡两部门条件下居民人力资本投资及其结构与城乡收入差距理论模型，分析城乡居民人力资本投资与城乡收入差距动态关系。

第一节　模型基本假设

1. 假定一国封闭经济中存在明显的城乡二元经济结构特征，存在两个生产部门：现代化城镇部门（C）和传统农村部门（R），且两部门均存在大量竞争性生产厂商和劳动者。厂商以实现利润最大化为目标，劳动者以实现收入最大化为目标。为了简化分析，在此假设两部门存在制度障碍而彼此分割。

2. 假定两部门厂商的生产函数为引入人力资本的索罗模型，即 MRW 模型（Mankiw et al.，1992）。索罗模型假定储蓄率、人口增长率和技术进步率为外生给定变量。城市和农村部门的产出主要依靠生产要素投入（包括物质资本和劳动）以及生产技术进步，并将人力资本作为一种“要素投入”以反映其与产出的关系。假定两部门厂商的生产函数为柯布 – 道格拉斯型，具体形式为：

$$Y_C = K_C^{\alpha_C} H_C^{\beta_C} (A_C L_C)^{1-\alpha_C-\beta_C} \tag{4.1}$$

$$Y_R = K_R^{\alpha_R} H_R^{\beta_R} (A_R L_R)^{1-\alpha_R-\beta_R} \tag{4.2}$$

其中，Y 代表总产出；K 代表物质资本；H 代表人力资本；A 代表技术水平；L 代表劳动；α、β 分别代表物质资本和人力资本的产出弹性，且 $0<\alpha<1$，$0<\beta<1$，$0<\alpha+\beta<1$。

假定 $y=Y/AL$ 代表单位有效劳动产出，$k=K/AL$ 代表单位有效劳动物质资本，$h=H/AL$ 代表单位有效劳动人力资本，则式（4.1）和（4.2）可表示为：

$$y_C = k_C^{\alpha_C} h_C^{\beta_C} \tag{4.3}$$

$$y_R = k_R^{\alpha_R} h_R^{\beta_R} \tag{4.4}$$

3. 由于两部门完全竞争厂商的生产决策均满足利润最大化原则，因此，劳动的实际工资收入等于劳动的边际产品，则两部门的工资收入（w）为：

$$w_C = \frac{\partial Y_C}{\partial L_C} = \frac{\partial(A_C L_C y_C)}{\partial L_C} = (A_C - \alpha_C - \beta_C) y_C \tag{4.5}$$

$$w_R = \frac{\partial Y_R}{\partial L_R} = \frac{\partial(A_R L_R y_R)}{\partial L_R} = (A_R - \alpha_R - \beta_R) y_R \tag{4.6}$$

假定两部门工资收入之比为城乡收入差距（INC），则

$$INC = \frac{w_C}{w_R} = \frac{(A_C - \alpha_C - \beta_C) y_C}{(A_R - \alpha_R - \beta_R) y_R} \tag{4.7}$$

4. 基于人力资本理论，将人力资本投资分为健康投资、教育投资和迁移投资。参照杨建芳等（2006）的做法，健康投资、教育投资和迁移投资不仅直接影响经济增长，而且三者相互作用也会间接影响经济增长。在此选择柯布—道格拉斯生产技术组合生成两部门人力资本函数：

$$H_C = Z_C^{a_C} E_C^{b_C} M_C^{1-a_C-b_C} \tag{4.8}$$

$$H_R = Z_R^{a_R} E_R^{b_R} M_R^{1-a_R-b_R} \tag{4.9}$$

其中，Z 代表健康资本；E 代表教育资本；M 代表迁移资本；a、b 分别代表健康资本和教育资本的弹性，且 $0<a<1$，$0<b<1$，$0<a+b<1$。

第二节 模型动态分析

一、人力资本投资与城乡收入差距的均衡分析

（一）城镇部门均衡

在现代化城镇部门中，假定劳动和生产技术的增长率分别为 n_C 和 g_C，均为外生给定变量；物质资本和人力资本的投资率分别为 s_{k_C}、s_{h_C}；物质资本和人力资本的折旧率同为 δ_C，则城镇部门经济增长过程将决定于：

$$\dot{k}_C = s_{k_C} y_C - (n_C + g_C + \delta_C) k_C \tag{4.10}$$

$$\dot{h}_C = s_{h_C} y_C - (n_C + g_C + \delta_C) h_C \tag{4.11}$$

如果经济收敛于均衡状态，由式（4.10）和（4.11）可得：

$$k_C^* = \left(\frac{s_{k_C}^{1-\beta_C} s_{h_C}^{\beta_C}}{n_C + g_C + \delta_C}\right)^{1/(1-\alpha_C-\beta_C)} \tag{4.12}$$

$$h_C^* = \left(\frac{s_{k_C}^{\alpha_C} s_{h_C}^{1-\alpha_C}}{n_C + g_C + \delta_C}\right)^{1/(1-\alpha_C-\beta_C)} \tag{4.13}$$

将式（4.12）和（4.13）代入公式（4.3）可得：

$$y_C = \left(\frac{s_{k_C}^{\alpha_C} s_{h_C}^{\beta_C}}{(n_C + g_C + \delta_C)^{\alpha_C+\beta_C}}\right)^{1/(1-\alpha_C-\beta_C)} \tag{4.14}$$

将式（4.14）代入式（4.5）得：

$$w_C = (A_C - \alpha_C - \beta_C)\left(\frac{s_{k_C}^{\alpha_C} s_{h_C}^{\beta_C}}{(n_C + g_C + \delta_C)^{\alpha_C+\beta_C}}\right)^{1/(1-\alpha_C-\beta_C)} \tag{4.15}$$

由此可见，城镇居民人力资本投资与其收入水平呈现正相关，即增加城镇居民人力资本投资可以增加其收入水平。

（二）农业部门均衡

在传统农业部门中，假定劳动和生产技术的增长率分别为 n_R 和

g_R，均为外生给定变量；物质资本和人力资本的投资率分别为 s_{k_R}、s_{h_R}；物质资本和人力资本的折旧率同为 δ_R，则农业部门经济增长过程将决定于：

$$\dot{k}_R = s_{k_R} y_R \quad (n_R + g_R + \delta_R) k_R \tag{4.16}$$

$$\dot{h}_R = s_{h_R} y_R \quad (n_R + g_R + \delta_R) h_R \tag{4.17}$$

如果经济收敛于均衡状态，由式（4.16）和（4.17）可得：

$$k_R^* = \left(\frac{s_{k_R}^{1-\beta_R} s_{h_R}^{\beta_R}}{n_R + g_R + \delta_R} \right)^{1/(1-\alpha_R-\beta_R)} \tag{4.18}$$

$$h_R^* = \left(\frac{s_{k_R}^{\alpha_R} s_{h_R}^{1-\alpha_R}}{n_R + g_R + \delta_R} \right)^{1/(1-\alpha_R-\beta_R)} \tag{4.19}$$

将式（4.18）和（4.19）代入公式（4.4）可得：

$$y_R = \left(\frac{s_{k_R}^{\alpha_R} s_{h_R}^{\beta_R}}{(n_R + g_R + \delta_R)^{\alpha_R+\alpha_R}} \right)^{1/(1-\alpha_R-\beta_R)} \tag{4.20}$$

将式（4.20）代入式（4.6）得：

$$w_R = (A_R - \alpha_R - \beta_R) \left(\frac{s_{k_R}^{\alpha_R} s_{h_R}^{\beta_R}}{(n_R + g_R + \delta_R)^{\alpha_R+\beta_R}} \right)^{1/(1-\alpha_R-\beta_R)} \tag{4.21}$$

由此可见，农村居民人力资本投资与其收入水平呈现正相关，即增加农村居民人力资本投资可以增加其收入水平。

（三）两部门均衡下城乡收入差距

将式（4.15）和（4.21）代入式（4.7），则

$$INC = \frac{w_C}{w_R} = \frac{(A_C - \alpha_C - \beta_C) \left(\frac{s_{k_C}^{\alpha_C} s_{h_C}^{\beta_C}}{(n_C + g_C + \delta_C)^{\alpha_C+\beta_C}} \right)^{1/(1-\alpha_C-\beta_C)}}{(A_R - \alpha_R - \beta_R) \left(\frac{s_{k_R}^{\alpha_R} s_{h_R}^{\beta_R}}{(n_R + g_R + \delta_R)^{\alpha_R+\beta_R}} \right)^{1/(1-\alpha_R-\beta_R)}} \tag{4.22}$$

由此可见，城乡居民收入差距与城镇居民人力资本投资呈现正相关，与农村居民人力资本投资呈现负相关，即城乡居民收入差距会随着城镇居民人力资本投资的增加而增加，却会随着农村居民人力资本投资的增加而减少。这就意味着增加城镇居民人力资本投资会扩大城乡居民收入差距，而增加农村居民人力资本投资会减少城乡居民收入

差距。此外，城乡居民人力资本投资率比值与城乡居民收入差距呈现正相关，即增加城乡居民人力资本投资比值会有助于扩大城乡居民收入差距，而缩小城乡居民人力资本投资比值会减少城乡居民收入差距。

二、人力资本投资结构与城乡收入差距的均衡分析

（一）城镇部门均衡

在现代化城镇部门中，考虑到人力资本结构的厂商生产函数为：

$$Y_C = K_C^{\alpha_C}(Z_C^{a_C}E_C^{b_C}M_C^{1-a_C-b_C})^{\beta_C}(A_CL_C)^{1-\alpha_C-\beta_C} \tag{4.23}$$

假定 $z_C = Z_C/A_CL_C$ 代表单位有效劳动健康资本，$e_C = E_C/A_CL_C$ 代表单位有效劳动教育资本，$m_C = M_C/A_CL_C$ 代表单位有效劳动迁移资本，则式（4.23）可表示为：

$$y_C = k_C^{\alpha_C}z_C^{a_C\beta_C}e_C^{b_C\beta_C}m_C^{(1-a_C-b_C)\beta_C} \tag{4.24}$$

假定健康、教育和迁移资本的投资率分别为 s_{z_C}、s_{e_C}、s_{m_C}，且三种人力资本和物质资本的折旧率同为 δ_C，则城镇部门经济增长过程将决定于：

$$\dot{k}_C = s_{k_C}y_C - (n_C + g_C + \delta_C)k_C \tag{4.25}$$

$$\dot{z}_C = s_{z_C}y_C - (n_C + g_C + \delta_C)z_C \tag{4.26}$$

$$\dot{e}_C = s_{e_C}y_C - (n_C + g_C + \delta_C)e_C \tag{4.27}$$

$$\dot{m}_C = s_{m_C}y_C - (n_C + g_C + \delta_C)m_C \tag{4.28}$$

如果经济收敛于均衡状态，由式（4.25）、（4.26）、（4.27）和（4.28）可得：

$$k_C^* = \left(\frac{s_{k_C}^{1-\beta_C}s_{z_C}^{a_C\beta_C}s_{e_C}^{b_C\beta_C}s_{m_C}^{(1-a_C-b_C)\beta_C}}{n_C + g_C + \delta_C}\right)^{1/(1-\alpha_C-\beta_C)} \tag{4.29}$$

$$z_C^* = \left(\frac{s_{k_C}^{\alpha_C}s_{z_C}^{(1-\alpha_C)-(1-a_C)\beta_C}s_{e_C}^{b_C\beta_C}s_{m_C}^{(1-a_C-b_C)\beta_C}}{n_C + g_C + \delta_C}\right)^{1/(1-\alpha_C-\beta_C)} \tag{4.30}$$

$$e_C^* = \left(\frac{s_{k_C}^{\alpha_C}s_{z_C}^{a_C\beta_C}s_{e_C}^{(1-\alpha_C)-(1-b_C)\beta_C}s_{m_C}^{(1-a_C-b_C)\beta_C}}{n_C + g_C + \delta_C}\right)^{1/(1-\alpha_C-\beta_C)} \tag{4.31}$$

$$m_C^* = \left(\frac{s_{k_C}^{\alpha_C}s_{z_C}^{a_C\beta_C}s_{e_C}^{b_C\beta_C}s_{m_C}^{(1-\alpha_C)-(a_C+b_C)\beta_C}}{n_C + g_C + \delta_C}\right)^{1/(1-\alpha_C-\beta_C)} \tag{4.32}$$

将式（4.29）、（4.30）、（4.31）和（4.32）代入公式（4.24）可得：

$$y_C = \left(\frac{s_{k_C}^{\alpha_C} s_{z_C}^{a_C\beta_C} s_{e_C}^{b_C\beta_C} s_{m_C}^{(1-a_C-b_C)\beta_C}}{(n_C + g_C + \delta_C)^{\alpha_C+\beta_C}}\right)^{1/(1-\alpha_C-\beta_C)} \tag{4.33}$$

将式（4.33）代入式（4.5）得实际工资水平为：

$$w_C = (A_C - \alpha_C - \beta_C)\left(\frac{s_{k_C}^{\alpha_C} s_{z_C}^{a_C\beta_C} s_{e_C}^{b_C\beta_C} s_{m_C}^{(1-a_C-b_C)\beta_C}}{(n_C + g_C + \delta_C)^{\alpha_C+\beta_C}}\right)^{1/(1-\alpha_C-\beta_C)} \tag{4.34}$$

由此可见，城镇居民健康、教育和迁移等人力资本投资均与其收入水平呈现正相关，即增加城镇居民健康、教育和迁移等人力资本投资可以增加其收入水平。

（二）农村部门均衡

在传统农村部门中，考虑到人力资本结构的厂商生产函数为：

$$Y_R = K_R^{\alpha_R}(Z_R^{a_R} E_R^{b_R} M_R^{1-a_R-b_R})^{\beta_R}(A_R L_R)^{1-\alpha_R-\beta_R} \tag{4.35}$$

假定 $z_R = Z_R/A_R L_R$ 代表单位有效劳动健康资本，$e_R = E_R/A_R L_R$ 代表单位有效劳动教育资本，$m_R = M_R/A_R L_R$ 代表单位有效劳动迁移资本，则式（4.35）可表示为：

$$y_R = k_R^{\alpha_R} z_R^{a_R\beta_R} e_R^{b_R\beta_R} m_R^{(1-a_R-b_R)\beta_R} \tag{4.36}$$

假定健康、教育和迁移资本的投资率分别为 s_{z_R}、s_{e_R}、s_{m_R}，且三种人力资本和物质资本的折旧率同为 δ_R，则农村部门经济增长过程将决定于：

$$\dot{k}_R = s_{k_R} y_R \quad (n_R + g_R + \delta_R) k_R \tag{4.37}$$

$$\dot{z}_R = s_{z_R} y_R \quad (n_R + g_R + \delta_R) z_R \tag{4.38}$$

$$\dot{e}_R = s_{e_R} y_R \quad (n_R + g_R + \delta_R) e_R \tag{4.39}$$

$$\dot{m}_R = s_{m_R} y_R \quad (n_R + g_R + \delta_R) m_R \tag{4.40}$$

如果经济收敛于均衡状态，由式（4.37）、（4.38）、（4.39）和（4.40）可得：

$$k_R^* = \left(\frac{s_{k_R}^{1-\beta_R} s_{z_R}^{a_R\beta_R} s_{e_R}^{b_R\beta_R} s_{m_R}^{(1-a_R-b_R)\beta_R}}{n_R + g_R + \delta_R}\right)^{1/(1-\alpha_R-\beta_R)} \tag{4.41}$$

$$z_R^* = \left(\frac{s_{k_R}^{\alpha_R} s_{z_R}^{(1-\alpha_R)-(1-a_R)\beta_R} s_{e_R}^{b_R\beta_R} s_{m_R}^{(1-a_R-b_R)\beta_R}}{n_R + g_R + \delta_R}\right)^{1/(1-\alpha_R-\beta_R)} \tag{4.42}$$

$$e_R^* = \left(\frac{s_{k_R}^{\alpha_R} s_{z_R}^{a_R\beta_R} s_{e_R}^{(1-\alpha_R)-(1-b_R)\beta_R} s_{m_R}^{(1-a_R-b_R)\beta_R}}{n_R + g_R + \delta_R} \right)^{1/(1-\alpha_R-\beta_R)} \tag{4.43}$$

$$m_R^* = \left(\frac{s_{k_R}^{\alpha_R} s_{z_R}^{a_R\beta_R} s_{e_R}^{b_R\beta_R} s_{m_R}^{(1-\alpha_R)-(a_R+b_R)\beta_R}}{n_R + g_R + \delta_R} \right)^{1/(1-\alpha_R-\beta_R)} \tag{4.44}$$

将式（4.41）、（4.42）、（4.43）和（4.44）代入公式（4.36）可得：

$$y_R = \left(\frac{s_{k_R}^{\alpha_R} s_{z_R}^{a_R\beta_R} s_{e_R}^{b_R\beta_R} s_{m_R}^{(1-a_R-b_R)\beta_R}}{(n_R + g_R + \delta_R)^{\alpha_R+\beta_R}} \right)^{1/(1-\alpha_R-\beta_R)} \tag{4.45}$$

将式（4.45）代入式（4.6）得实际收入工资为：

$$w_R = (A_R - \alpha_R - \beta_R) \left(\frac{s_{k_R}^{\alpha_R} s_{z_R}^{a_R\beta_R} s_{e_R}^{b_R\beta_R} s_{m_R}^{(1-a_R-b_R)\beta_R}}{(n_R + g_R + \delta_R)^{\alpha_R+\beta_R}} \right)^{1/(1-\alpha_R-\beta_R)} \tag{4.46}$$

由此可见，农村居民健康、教育和迁移等人力资本投资均与其收入水平呈现正相关，即增加农村居民健康、教育和迁移等人力资本投资可以增加其收入水平。

（三）两部门均衡下城乡收入差距

将式（4.34）和（4.46）代入式（4.7）可得出城乡收入差距：

$$INC = \frac{w_C}{w_R} = \frac{(A_C - \alpha_C - \beta_C) \left(\frac{s_{k_C}^{\alpha_C} s_{z_C}^{a_C\beta_C} s_{e_C}^{b_C\beta_C} s_{m_C}^{(1-a_C-b_C)\beta_C}}{(n_C + g_C + \delta_C)^{\alpha_C+\beta_C}} \right)^{1/(1-\alpha_C-\beta_C)}}{(A_R - \alpha_R - \beta_R) \left(\frac{s_{k_R}^{\alpha_R} s_{z_R}^{a_R\beta_R} s_{e_R}^{b_R\beta_R} s_{m_R}^{(1-a_R-b_R)\beta_R}}{(n_R + g_R + \delta_R)^{\alpha_R+\beta_R}} \right)^{1/(1-\alpha_R-\beta_R)}} \tag{4.47}$$

由此可见，城乡居民收入差距与城镇居民健康、教育和迁移等人力资本投资均呈现正相关，与农村居民健康、教育和迁移等人力资本投资均呈现负相关，即城乡居民收入差距会随着城镇居民健康、教育和迁移等人力资本投资的增加而增加，却会随着农村居民健康、教育和迁移等人力资本投资的增加而减少。这就意味着增加城镇居民健康、教育和迁移等人力资本投资会扩大城乡居民收入差距，而增加农村居民健康、教育和迁移等人力资本投资会减少城乡居民收入差距。此外，城乡居民健康、教育和迁移等人力资本投资率比值均与城乡居民收入差距呈现正相关，即增加城乡居民健康、教育和迁移等人力资本投资比值会有助于扩大城乡居民收入差距，而缩小城乡居民健康、教育和迁移等人力资本投资比值会减少城乡居民收入差距。

本章小结

本章假定一国封闭经济中存在明显的城乡二元经济结构特征的现代化城镇部门和传统农村部门，以引入人力资本的索罗模型（MRW模型）和依据柯布—道格拉斯生产技术组合生成人力资本函数为基础，构建城乡两部门条件下居民人力资本投资及其结构与城乡收入差距理论模型，分析城乡居民人力资本投资与城乡收入差距动态关系，得出以下主要结论：

一、人力资本投资与城乡收入差距的均衡分析

城镇居民人力资本投资与其收入水平呈现正相关，也与城乡居民收入差距呈现正相关；农村居民人力资本投资与其收入水平呈现正相关，但与城乡居民收入差距呈现负相关；城乡居民人力资本投资率比值与城乡居民收入差距呈现正相关。

二、人力资本投资结构与城乡收入差距的均衡分析

城镇居民健康、教育和迁移等人力资本投资均与其收入水平呈现正相关，也与城乡居民收入差距呈现正相关；农村居民健康、教育和迁移等人力资本投资均与其收入水平呈现正相关，但与城乡居民收入差距呈现负相关；城乡居民健康、教育和迁移等人力资本投资率比值均与城乡居民收入差距呈现正相关。

第五章

中国居民人力资本投资与城乡收入差距的实证检验

基于中国居民人力资本投资对城乡收入差距的理论分析，建立相应的计量经济模型，运用中国1997～2013年的省级面板数据，从全国、区域和时期层面分别实证研究中国居民人力资本投资及其结构对城乡收入差距的影响，并利用实证分析结果对理论模型进行实证检验。

第一节　计量模型构建

一、计量经济模型的构建

基于上述理论模型的动态分析，考虑到城市化、非农产业发展、经济发展实力、对外贸易和政府财政支出等因素也会影响城乡收入差距（陆铭、陈钊，2004；孙永强、万玉琳，2011；魏浩、赵春明，2012），构建居民人力资本投资对城乡收入差距影响的实证模型。根据现有研究中居民人力资本投资对城乡收入差距的影响效应，同时考虑到城乡收入差距的惯性，构建动态面板数据模型。下面分别按照城镇居民、农村居民和城乡居民总体来分别构建居民人力资本投资及其结构对城乡收入差距影响的实证模型。

模型Ⅰ：中国城镇居民人力资本投资及其结构对城乡收入差距影响的实证模型，具体形式如下：

$$INC_{i,t} = c + \alpha INC_{i,t-1} + \beta HCI_{C_{i,t}} + \gamma X_{i,t} + \upsilon_t + \varepsilon_{i,t} \tag{5.1}$$

$$INC_{i,t} = c + \alpha INC_{i,t-1} + \beta_1 HI_{C_{i,t}} + \beta_2 EI_{C_{i,t}} + \beta_3 MI_{C_{i,t}} + \gamma X_{i,t} + \upsilon_t + \varepsilon_{i,t} \tag{5.2}$$

模型Ⅱ：中国农村居民人力资本投资及其结构对城乡收入差距影响的实证模型，具体形式如下：

$$INC_{i,t} = c + \alpha INC_{i,t-1} + \beta HCI_{R_{i,t}} + \gamma X_{i,t} + \upsilon_t + \varepsilon_{i,t} \tag{5.3}$$

$$INC_{i,t} = c + \alpha INC_{i,t-1} + \beta_1 HI_{R_{i,t}} + \beta_2 EI_{R_{i,t}} + \beta_3 MI_{R_{i,t}} + \gamma X_{i,t} + \upsilon_t + \varepsilon_{i,t} \tag{5.4}$$

模型Ⅲ：中国居民人力资本投资及其结构对城乡收入差距影响的实证模型，具体形式如下：

$$INC_{i,t} = c + \alpha INC_{i,t-1} + \beta HCI_{i,t} + \gamma X_{i,t} + \upsilon_t + \varepsilon_{i,t} \tag{5.5}$$

$$INC_{i,t} = c + \alpha INC_{i,t-1} + \beta_1 HI_{i,t} + \beta_2 EI_{i,t} + \beta_3 MI_{i,t} + \gamma X_{i,t} + \upsilon_t + \varepsilon_{i,t} \tag{5.6}$$

其中，INC 代表城乡收入差距；HCI_C 代表城镇居民人力资本投资；HI_C 代表城镇居民健康投资；EI_C 代表城镇居民教育投资；MI_C 代表城镇居民迁移投资；HCI_R 代表农村居民人力资本投资；HI_R 代表农村居民健康投资；EI_R 代表农村居民教育投资；MI_R 代表农村居民迁移投资；HI 代表城乡居民健康投资比值；EI 代表城乡居民教育投资比值；MI 代表城乡居民迁移投资比值；HCI 代表城乡居民人力资本投资比值；X 代表控制变量，包括城市化 UR、非农产业发展 ISR、经济发展实力 PY、对外贸易 XM 和财政支出 FIS；c 代表常数项，α、β、γ 分别代表各自变量的估计系数，i 代表省份，t 代表年份，υ 代表随时间而变化的时间效应，ε 代表独立同分布随机扰动项。

在实证分析中，对变量进行自然对数处理不但不会改变变量间原有的协整关系，而且可以消除变量的异方差，因此对所涉及的所有变量进行自然对数变化。因而上述模型又转变为新的动态面板模型，具体模型如下：

模型Ⅳ：中国城镇居民人力资本投资及其结构对城乡收入差距影

响的对数实证模型，具体形式如下：

$$\ln INC_{i,t}=c+\alpha \ln INC_{i,t-1}+\beta \ln HCI_{C_{i,t}}+\gamma \ln X_{i,t}+\upsilon_t+\varepsilon_{i,t} \quad (5.7)$$

$$\ln INC_{i,t}=c+\alpha \ln INC_{i,t-1}+\beta_1 \ln HI_{C_{i,t}}+\beta_2 \ln EI_{C_{i,t}}+\beta_3 \ln MI_{C_{i,t}}+\gamma \ln X_{i,t}+\upsilon_t+\varepsilon_{i,t} \quad (5.8)$$

模型Ⅴ：中国农村居民人力资本投资及其结构对城乡收入差距影响的对数实证模型，具体形式如下：

$$\ln INC_{i,t}=c+\alpha \ln INC_{i,t-1}+\beta \ln HCI_{R_{i,t}}+\gamma \ln X_{i,t}+\upsilon_t+\varepsilon_{i,t} \quad (5.9)$$

$$\ln INC_{i,t}=c+\alpha \ln INC_{i,t-1}+\beta_1 \ln HI_{R_{i,t}}+\beta_2 \ln EI_{R_{i,t}}+\beta_3 \ln MI_{R_{i,t}}+\gamma \ln X_{i,t}+\upsilon_t+\varepsilon_{i,t} \quad (5.10)$$

模型Ⅵ：中国居民人力资本投资及其结构对城乡收入差距影响的对数实证模型，具体形式如下：

$$\ln INC_{i,t}=c+\alpha \ln INC_{i,t-1}+\beta \ln HCI_{i,t}+\gamma \ln X_{i,t}+\upsilon_t+\varepsilon_{i,t} \quad (5.11)$$

$$\ln INC_{i,t}=c+\alpha \ln INC_{i,t-1}+\beta_1 \ln HI_{i,t}+\beta_2 \ln EI_{i,t}+\beta_3 \ln MI_{i,t}+\gamma \ln X_{i,t}+\upsilon_t+\varepsilon_{i,t} \quad (5.12)$$

由于设定的是动态面板数据模型，在解释变量中加入被解释变量的一阶滞后项，由此带来的内生性问题会导致参数估计的非一致性，故采用系统广义矩估计方法（系统 GMM）来估计参数，采用二部估计。由于 GMM 估计量的一致性依赖于工具变量的有效性，采用 Sargan 检验判断工具变量的选择是否满足过度识别的约束条件，采用 AR 检验来判断误差项是否序列相关。此外，采用 Wald 检验回归系数的整体显著性。

二、数据来源和变量说明

1. 城乡收入差距。用城乡居民人均收入比（农村居民 =1）作为度量城乡收入差距的指标，计算公式为：城乡居民人均收入比 = 城镇居民人均可支配收入/农村居民人均纯收入，在计算比值之前用各地区城乡居民消费物价指数将收入数据转化为 1996 年的不变价格。

2. 居民人力资本投资。居民人力资本投资分别用健康投资、教育投资和迁移投资来表示。健康投资用居民家庭生活消费支出中

“医疗保健”来衡量，教育投资用居民家庭生活消费支出中的“文教娱乐用品及服务”来衡量，迁移投资用居民家庭生活消费支出中的“交通和通讯”支出来衡量，人力资本投资总额用三者之和来表示。为了消除价格变动因素的影响，人力资本投资数据均根据居民消费者价格指数转化为1996年的不变价格。

3. 城市化。从现有文献来看，关于城市化水平测量指标主要有人口比重指标法、调整系数法、农村城市化指标法、城镇土地利用指标法和现代城市化指标法等五种，但是后四种方法在操作层面存在一定的困难，考虑到数据的可获得性，现有研究普遍采用人口比重指标法，即用非农业人口占总人口比重来衡量城市化水平，即城市化率＝非农业人口/总人口×100%。

4. 其他变量。非农产业发展以二、三产业产值占GDP的比重来衡量；经济发展实力用地区人均GDP（以1997年为不变价格）来衡量；对外贸易用进出口总额（将“各地区按境内目的地和货源地分货物进出口总额”根据年平均汇率换算成人民币）占GDP的比重来衡量；财政支出用地方政府财政支出占GDP的比重来衡量。

由于数据缺失，所有样本数据为1997～2013年全国31个省市区，不包括港澳台地区。原始数据全部来源于历年《中国统计年鉴》和《中国人口和就业统计年鉴》。表5－1中列出了各变量的描述性统计结果。可见各变量之间存在较大的变差，为下文计量分析提供了可能。

表5－1　　各变量的描述性统计结果

变量	定义	最大值	最小值	均值	标准差	样本数
INC	城乡收入差距	5.68	1.62	3.07	0.75	527
HI_C	城镇居民健康投资（元）	1 255.31	88.41	505.30	249.74	527
EI_C	城镇居民教育投资（元）	2 961.69	263.19	945.17	488.50	527

续表

变量	定义	最大值	最小值	均值	标准差	样本数
MI_C	城镇居民迁移投资（元）	3 509.96	127.70	906.40	661.05	527
HCI_C	城镇居民人力资本投资（元）	7 334.92	573.53	2 356.88	1 329.37	527
HI_R	农村居民健康投资（元）	1 419.49	13.22	190.84	157.20	527
EI_R	农村居民教育投资（元）	934.79	7.63	253.15	163.65	527
MI_R	农村居民迁移投资（元）	1 384.39	7.81	252.38	224.18	527
HCI_R	农村居民人力资本投资（元）	3 332.01	29.14	696.37	516.62	527
HI	城乡居民健康投资比值（HI_C/HI_R）	16.40	0.68	3.37	1.65	527
EI	城乡居民教育投资比值（EI_C/EI_R）	47.75	1.82	4.61	4.19	527
MI	城乡居民迁移投资比值（MI_C/MI_R）	49.25	0.98	4.75	4.24	527
HCI	城乡居民人力资本投资比值（HCI_C/HCI_R）	27.41	1.64	4.05	2.61	527
UR	城市化率（%）	90.03	13.80	33.99	16.26	527
ISR	二三产业产值占GDP的比重（%）	99.40	62.09	85.37	7.64	527
PY	人均GDP（元）	70 271.73	2 214.72	16 012.85	12 218.74	527
XM	进出口总额占GDP的比重（%）	166.82	2.52	29.84	35.65	527
FIS	政府财政支出占GDP的比重（%）	129.14	4.68	19.15	14.90	527

第二节　中国城镇居民人力资本投资对城乡收入差距的实证分析

一、全国层面计量分析结果与分析

表5－2报告了全国层面城镇居民人力资本投资及其结构对城乡收入差距影响的系统GMM估计回归结果。从模型检验结果来看，Wald检验值均通过1%的显著性水平说明回归系数整体显著；Sargan检验的P值不显著说明工具变量是有效的；AR（1）和AR（2）检验的P值均不显著，说明模型残差序列不存在一阶和二阶自相关。由此可见，采用系统GMM对面板数据模型的估计是有效的。

从回归结果来看，城乡收入差距的一阶滞后项（L. lnINC）为正值，说明当期城乡收入差距会受到上期的正向影响，说明城乡收入差距变动过程中存在着一定程度的路径依赖现象，同时也可反映出城乡收入差距的弹性较大。

从城镇居民人力资本投资变量来看，其回归系数为正值但在统计上不显著，说明城镇居民人力资本投资对城乡收入差距具有一定的正向效应，且城镇居民人力资本投资每增加1%，全国范围内的城乡收入差距将增加0.102%。从城镇居民人力资本投资结构来看，健康投资、教育投资和迁移投资的系数均为正值，且在统计上呈现出一定的显著性，说明三者投资均对城乡收入差距具有显著的正向效应。从影响程度来看，教育投资对城乡收入差距的贡献最大，即城镇居民教育投资每增加1%，全国范围内的城乡收入差距将增加0.081%；其次是迁移投资，即城镇居民迁移投资每增加1%，全国范围内的城乡收入差距将增加0.060%；最后是健康投资，即城镇居民健康投资每增加1%，全国范围内的城乡收入差距将增加0.035%。

此外，控制变量城市化、非农产业发展和政府财政支出的系数均为负值，说明三者对城乡收入差距具有负向影响，而经济发展实力和对外贸易的系数均为正值，说明两者对城乡收入差距具有正向影响。

表 5-2　　全国层面的回归结果（1997～2013 年）

变量	因变量为 lnINC				
L. lnINC	0.253 (0.305)	0.514 (0.401)	0.328 (0.328)	0.093 (0.356)	0.305 (0.321)
$lnHI_C$	0.084* (0.044)			0.035 (0.045)	
$lnEI_C$		0.056** (0.026)		0.081** (0.036)	
$lnMI_C$			0.059*** (0.020)	0.060** (0.030)	
$lnHCI_C$					0.102 (0.090)
lnUR	-0.004 (0.066)	-0.010 (0.046)	-0.034 (0.036)	-0.356 (0.466)	-0.067 (0.051)
lnISR	0.265 (2.062)	0.402 (0.906)	0.402 (1.389)	-0.269 (1.549)	-2.008 (1.504)
lnPY	0.060 (0.738)	-0.244 (0.462)	0.714** (0.352)	0.513 (0.794)	0.708* (0.424)
lnXM	0.009 (0.014)	0.018 (0.013)	0.006 (0.013)	0.013 (0.019)	0.008 (0.013)
lnFIS	-0.009 (0.024)	-0.005 (0.023)	-0.017 (0.022)	-0.011 (0.021)	-0.005 (0.022)
常数项	-1.526 (6.781)	0.291 (4.143)	-7.687 (7.545)	-2.389 (9.713)	2.620 (6.132)
时间效应	控制	控制	控制	控制	控制

续表

变量	因变量为 lnINC				
Wald χ^2	47 035.06 (0.000)	14 807.93 (0.000)	51 057.87 (0.000)	24 544.96 (0.000)	46 064.97 (0.000)
Sargan 检验	10.603 (1.000)	12.598 (1.000)	12.987 (1.000)	4.530 (1.000)	7.216 (1.000)
AR（1）检验	-0.715 (0.475)	-1.093 (0.275)	-0.384 (0.701)	-0.036 (0.971)	-0.608 (0.543)
AR（2）检验	0.744 (0.457)	0.073 (0.942)	1.254 (0.210)	1.149 (0.250)	0.888 (0.375)
观测值数	496	496	496	496	496

注：***、**、*分别代表1%、5%、10%的显著性水平下拒绝原假设；回归系数括号内给出的为相应的标准误差；统计量 Wald 检验、Sargan 检验和 Arellano - Bond 残差自相关检验统计量后括号内给出的为相应的 P 值；以下各表与此类同。

二、区域层面计量分析结果与分析

由于中国地区间城镇居民人力资本投资程度存在较大的差异，对城乡收入差距的影响可能并不相同，因此进一步从区域层面（东部、中部和西部地区）进行实证分析。关于东中西部地区划分，东部地区包括北京、天津、河北、辽宁、上海、江苏、浙江、福建、山东、广东和海南等11个省市；中部地区包括山西、吉林、黑龙江、安徽、江西、河南、湖北、湖南等8个省份，西部地区包括四川、重庆、贵州、云南、陕西、甘肃、青海、宁夏、新疆、广西、内蒙古、西藏等12个省区市。

（一）东部地区计量结果与分析

表5-3报告了东部地区城镇居民人力资本投资及其结构对城乡收入差距影响的系统 GMM 估计回归结果。从模型检验结果来看，Wald 检验值均通过1%的显著性水平说明回归系数整体显著；Sargan

检验的P值不显著说明工具变量是有效的；AR（1）和AR（2）检验的P值均不显著，说明模型残差序列不存在一阶和二阶自相关。由此可见，采用系统GMM对面板数据模型的估计是有效的。

从城镇居民人力资本投资变量来看，其回归系数为正值但在统计上不显著，说明东部地区城镇居民人力资本投资对城乡收入差距具有一定的正向效应，且城镇居民人力资本投资每增加1%，东部地区的城乡收入差距将增加0.010%。从城镇居民人力资本投资结构来看，健康投资和迁移投资的系数均为正值，且在统计上呈现出一定的显著性，说明两者均对城乡收入差距具有显著的正向效应。从影响程度来看，健康投资对城乡收入差距的贡献最大，即城镇居民健康投资每增加1%，东部地区的城乡收入差距将增加0.234%；随后是迁移投资，即城镇居民迁移投资每增加1%，东部地区的城乡收入差距将增加0.160%。但是，教育投资的系数为负值，且在统计上满足5%的显著性水平，说明东部地区城镇居民教育投资对城乡收入差距具有负向效应，且城镇居民教育投资每增加1%，东部地区的城乡收入差距将减少0.397%。

表5-3　东部地区的回归结果（1997~2013年）

变量	因变量为lnINC				
L. lnINC	0.247** (0.097)	0.176 (0.117)	0.198* (0.110)	0.031 (0.140)	0.133 (0.125)
$lnHI_C$	0.186*** (0.067)			0.234*** (0.081)	
$lnEI_C$		-0.053 (0.088)		-0.397** (0.181)	
$lnMI_C$			0.147*** (0.027)	0.160* (0.091)	
$lnHCI_C$					0.010 (0.120)

续表

变量	因变量为 lnINC				
lnUR	0.146 (0.329)	0.647* (0.344)	0.224 (0.227)	0.736* (0.447)	0.604* (0.330)
lnISR	0.528 (0.657)	1.870 (1.323)	1.449 (1.319)	-1.552 (2.919)	3.610** (1.654)
lnPY	-0.119 (0.163)	-0.243* (0.144)	-0.311** (0.133)	-0.210 (0.148)	-0.349*** (0.125)
lnXM	0.041 (0.069)	0.046 (0.044)	0.028 (0.025)	0.034 (0.052)	0.012 (0.018)
lnFIS	-0.040 (0.268)	0.204 (0.156)	0.139 (0.131)	0.169 (0.247)	0.130 (0.131)
常数项	-2.281 (2.751)	-7.958 (5.381)	-4.977 (5.266)	6.844 (12.359)	-14.652** (6.722)
时间效应	控制	控制	控制	控制	控制
Wald χ^2	1 339.97 (0.000)	752.10 (0.000)	473.07 (0.000)	260.90 (0.000)	338.22 (0.000)
Sargan 检验	6.825 (1.000)	4.644 (1.000)	5.983 (1.000)	2.915 (1.000)	4.161 (1.000)
AR（1）检验	-2.146 (0.032)	-1.438 (0.150)	-1.626 (0.104)	-1.396 (0.163)	-1.556 (0.120)
AR（2）检验	0.902 (0.267)	0.421 (0.482)	0.310 (0.756)	-0.889 (0.374)	0.983 (0.325)
观测值数	176	176	176	176	176

（二）中部地区计量结果与分析

表5-4报告了中部地区城镇居民人力资本投资及其结构对城乡收入差距影响的系统 GMM 估计回归结果。从模型检验结果来看，Wald 检验值均通过1%的显著性水平说明回归系数整体显著；Sargan

检验的 P 值不显著说明工具变量是有效的；AR（1）和 AR（2）检验的 P 值均不显著，说明模型残差序列不存在一阶和二阶自相关。由此可见，采用系统 GMM 对面板数据模型的估计是有效的。

从城镇居民人力资本投资变量来看，其回归系数为正值且在统计上满足 10% 的显著性水平，说明中部地区城镇居民人力资本投资对城乡收入差距具有较显著的正向效应，且城镇居民人力资本投资每增加 1%，中部地区的城乡收入差距将增加 0.346%。从城镇居民人力资本投资结构来看，健康投资的系数均为正值，且在统计上满足 5% 的显著性，说明中部地区的健康投资对城乡收入差距具有显著的正向效应。从影响程度来看，城镇居民健康投资每增加 1%，中部地区的城乡收入差距将增加 0.565%，而教育投资和迁移投资对城乡收入差距具有负向效应，但统计结果并不显著。

表 5-4　中部地区的回归结果（1997～2013 年）

变量	因变量为 lnINC				
L. lnINC	-0.349 (0.302)	-0.181 (0.242)	1.107** (0.431)	0.080 (0.089)	0.132 (0.144)
$lnHI_C$	0.357** (0.169)			0.565*** (0.186)	
$lnEI_C$		0.901*** (0.297)		-0.116 (0.600)	
$lnMI_C$			0.0251 (0.141)	-0.189 (0.356)	
$lnHCI_C$					0.346* (0.190)
lnUR	2.964* (1.541)	-2.883 (2.247)	-9.372* (4.911)	3.764 (3.871)	1.379** (0.596)
lnISR	-13.127 (8.196)	17.400** (8.318)	43.548** (20.813)	0.330 (0.424)	-0.842** (0.373)

续表

变量	因变量为 lnINC				
lnPY	0.011 (0.164)	0.028 (0.231)	−1.081*** (0.367)	−0.544*** (0.138)	−0.352*** (0.102)
lnXM	1.022* (0.535)	−1.658** (0.834)	−2.942** (1.432)	0.613** (0.300)	0.120 (0.0991)
lnFIS	0.645* (0.346)	−2.892** (1.465)	−0.965 (0.587)	0.627** (0.314)	0.139 (0.119)
常数项	43.177 (28.116)	−60.827** (27.300)	−142.165** (67.454)	254.351 (17.461)	87.265 (36.871)
时间效应	控制	控制	控制	控制	控制
Wald χ^2	103.96 (0.000)	27.51 (0.000)	282.67 (0.000)	764.27 (0.000)	3 481.68 (0.000)
Sargan 检验	0.001 (1.000)	0.002 (1.000)	0.006 (1.000)	0.005 (1.000)	0.028 (1.000)
AR（1）检验	0.851 (0.395)	0.562 (0.274)	1.357 (0.175)	0.761 (0.769)	0.692 (0.484)
AR（2）检验	−0.612 (0.540)	−0.822 (0.411)	−0.564 (0.573)	−0.729 (0.627)	−0.389 (0.719)
观测值数	128	128	128	128	128

（三）西部地区计量结果与分析

表5−5报告了西部地区城镇居民人力资本投资及其结构对城乡收入差距影响的系统GMM估计回归结果。从模型检验结果来看，Wald检验值均通过1%的显著性水平说明回归系数整体显著；Sargan检验的P值不显著说明工具变量是有效的；AR（1）和AR（2）检验的P值均不显著，说明模型残差序列不存在一阶和二阶自相关。由此可见，采用系统GMM对面板数据模型的估计是有效的。

从城镇居民人力资本投资变量来看，其回归系数为正值，且在统计上满足1%的显著性水平，说明西部地区城镇居民人力资本投资对城乡收入差距具有显著的正向效应，且城镇居民人力资本投资每增加1%，西部地区的城乡收入差距将增加0.244%。从城镇居民人力资本投资结构来看，健康投资和迁移投资的系数均为正值，且在统计上均满足5%的显著性水平，说明两者均对城乡收入差距具有显著的正向效应。从影响程度来看，迁移投资对城乡收入差距的贡献最大，即城镇居民迁移投资每增加1%，西部地区的城乡收入差距将增加0.260%；随后是健康投资，即城镇居民健康投资每增加1%，西部地区的城乡收入差距将增加0.162%。但是，教育投资的系数为负值，但在统计上不显著，说明西部地区城镇居民教育投资对城乡收入差距具有负向效应，且城镇居民教育投资每增加1%，西部地区的城乡收入差距将减少0.145%。

表5-5　西部地区的回归结果（1997~2013年）

变量	因变量为lnINC				
L. lnINC	0.258** (0.125)	0.401** (0.157)	0.444*** (0.0762)	0.264** (0.121)	0.406*** (0.102)
$lnHI_C$	0.215*** (0.072)			0.162** (0.076)	
$lnEI_C$		0.092** (0.042)		-0.145 (0.110)	
$lnMI_C$			0.174*** (0.046)	0.260** (0.103)	
$lnHCI_C$					0.244*** (0.056)
lnUR	-0.379 (0.315)	-0.611 (0.549)	-0.052 (0.216)	-0.519 (0.885)	-0.297 (0.182)
lnISR	1.703*** (0.576)	1.449*** (0.303)	1.010* (0.607)	0.384 (0.466)	0.876* (0.511)

续表

变量	因变量为 lnINC				
lnPY	−0.135** (0.064)	−0.025 (0.124)	−0.242*** (0.057)	−0.161 (0.194)	−0.220*** (0.043)
lnXM	−0.015 (0.071)	0.010 (0.014)	0.001 (0.051)	0.020 (0.037)	0.009 (0.014)
lnFIS	−0.004 (0.051)	0.017 (0.045)	−0.021 (0.019)	−0.015 (0.029)	0.017 (0.030)
常数项	−5.379** (2.290)	−4.130*** (1.250)	−2.450 (2.460)	0.669 (2.078)	−2.064 (2.206)
时间效应	控制	控制	控制	控制	控制
Wald χ^2	732.95 (0.000)	153.97 (0.000)	137.94 (0.000)	270.84 (0.000)	181.40 (0.000)
Sargan 检验	4.474 (1.000)	7.603 (1.000)	10.813 (1.000)	6.513 (1.000)	9.352 (1.000)
AR（1）检验	−0.798 (0.425)	−0.566 (0.572)	−1.978 (0.048)	−1.624 (0.104)	−1.472 (0.141)
AR（2）检验	2.217 (0.027)	1.702 (0.089)	1.515 (0.130)	0.799 (0.424)	1.619 (0.106)
观测值数	192	192	192	192	192

三、分时期计量分析结果与分析

中国城镇居民人力资本投资存在明显的阶段性特征。根据中国城镇居民人力资本投资与城乡收入差距的变化趋势（参见图 5－1），中国城镇居民人力资本投资总体上呈现增长的态势，而城乡收入差距具有一定的波动性，两者均呈现出一定的阶段性变化趋势：1997～2002 年城镇居民人力资本投资和城乡收入差距均呈现出稳定增长的趋势；2003～2008 年城镇居民人力资本投资快速增长，而城乡收入差距呈现出较为稳定的态势；2009～2013 年城镇居民人力资本投资快速增长，而城乡收入差距开始出现缓慢下降的态势。因此，为了更进一步探讨城镇居民人力资本投资对城乡收入差距的影响，在此将全国数据按照时间范围划分为三个不同时期，以获取稳健的研究结论。

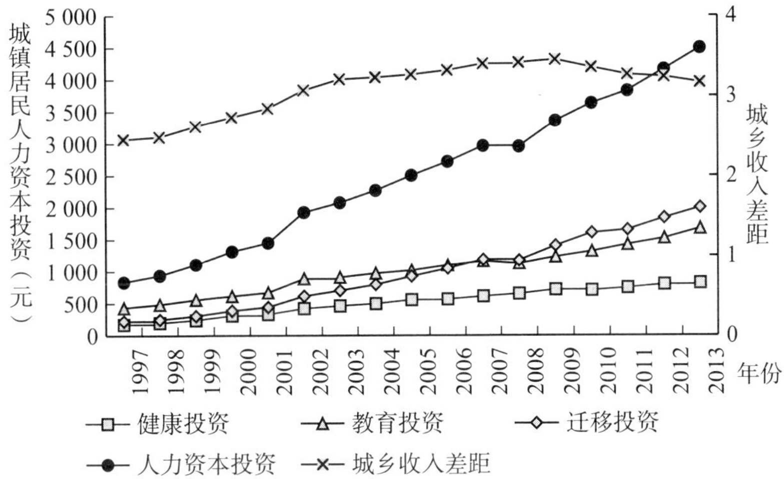

图 5－1　中国城镇居民人力资本投资与城乡收入差距的变化趋势

表 5－6 报告了全国分时期城镇居民人力资本投资及其结构对城乡收入差距影响的系统 GMM 估计回归结果。从模型检验结果来看，Wald 检验值均通过 1% 的显著性水平说明回归系数整体显著；Sargan 检验的 P 值不显著说明工具变量是有效的；AR（2）检验的 P 值均不显著，说明模型残差序列不存在二阶自相关（模型可以允许一阶自相关的存在）。由此可见，采用系统 GMM 对面板数据模型的估计是有效的。

表 5－6　　全国分时期的回归结果

变量	因变量为 lnINC					
	1997～2002 年		2003～2008 年		2009～2013 年	
L. lnINC	0.815*** (0.062)	0.914*** (0.063)	0.590*** (0.114)	0.491*** (0.138)	0.175 (0.204)	0.228 (0.172)

续表

变量	因变量为 lnINC					
	1997 ~ 2002 年		2003 ~ 2008 年		2009 ~ 2013 年	
$lnHI_C$	0.054 * (0.032)		0.011 (0.025)		0.030 ** (0.012)	
$lnEI_C$	0.118 *** (0.036)		0.081 *** (0.023)		0.016 (0.013)	
$lnMI_C$	0.003 (0.034)		0.037 (0.025)		0.006 (0.015)	
$lnHCI_C$		0.057 (0.073)		0.136 *** (0.032)		0.006 (0.031)
lnUR	-0.073 ** (0.033)	-0.043 (0.032)	-0.194 *** (0.073)	-0.197 *** (0.072)	0.008 (0.037)	-0.010 (0.035)
lnISR	1.207 *** (0.286)	0.990 *** (0.279)	0.048 (0.270)	0.085 (0.276)	0.366 * (0.198)	0.237 (0.187)
lnPY	-0.302 *** (0.072)	-0.228 *** (0.072)	-0.026 (0.089)	-0.078 (0.092)	-0.248 *** (0.050)	-0.238 *** (0.051)
lnXM	0.040 * (0.024	0.033 (0.026)	0.004 (0.015)	0.009 (0.015)	-0.012 (0.011)	-0.006 (0.011)
lnFIS	-0.055 *** (0.015)	-0.061 *** (0.014)	0.046 *** (0.017)	0.035 * (0.019)	-0.071 *** (0.025)	-0.067 ** (0.029)
常数项	-3.493 *** (0.950)	-2.392 ** (0.949)	0.185 (1.027)	0.471 (1.039)	1.888 ** (0.952)	2.416 *** (0.923)
时间效应	控制	控制	控制	控制	控制	控制
Wald χ^2	2 405.00 (0.000)	2 476.14 (0.000)	1 674.80 (0.000)	673.63 (0.000)	1 278.98 (0.000)	1 592.65 (0.000)
Sargan 检验	15.868 (0.256)	16.445 (0.226)	14.829 (0.318)	11.981 (0.529)	9.835 (0.277)	12.341 (0.137)

续表

变量	因变量为 lnINC					
	1997～2002 年		2003～2008 年		2009～2013 年	
AR（1）检验	-2.697 (0.007)	-2.742 (0.006)	-3.174 (0.002)	-2.501 (0.012)	-0.449 (0.654)	-0.460 (0.645)
AR（2）检验	1.009 (0.313)	0.468 (0.640)	-0.566 (0.571)	-0.460 (0.646)	0.366 (0.714)	0.574 (0.566)
观测值数	155	155	155	155	124	124

不同时期，城镇居民人力资本投资是影响城乡收入差距的重要因素，但是影响程度存在差异。1997～2002 年城镇居民人力资本投资对城乡收入差距具有正向效应但在统计上不显著，2003～2008 年城镇居民人力资本投资对城乡收入差距同样具有正向效应且在统计上满足 1% 的显著性水平，2009～2013 年城镇居民人力资本投资对城乡收入差距具有正向效应但在统计上不显著。从影响程度来看，1997～2002 年城镇居民人力资本投资增加 1%，其城乡收入差距将增加 0.057%；2003～2008 年城镇居民人力资本投资增加 1%，其城乡收入差距将增加 0.136%；2009～2013 年城镇居民人力资本投资增加 1%，其城乡收入差距将增加 0.006%。由此可见，随着时间推移，城镇居民人力资本投资对城乡收入差距的影响呈现出先扩大再逐渐缩小的趋势。

不同时期，城镇居民健康投资也是影响城乡收入差距的重要因素，其影响程度同样存在差异。1997～2002 年城镇居民健康投资对城乡收入差距具有正向效应且在统计上满足 10% 的显著性水平，2003～2008 年城镇居民健康投资对城乡收入差距同样具有正向效应但在统计上不显著，2009～2013 年城镇居民健康投资对城乡收入差距具有正向效应且在统计上满足 5% 的显著性水平。从影响程度来看，1997～2002 年城镇居民健康投资增加 1%，其城乡收入差距将增加 0.054%；2003～2008 年城镇居民健康投资增加 1%，其城乡收入差距将增加 0.011%；2009～2013 年城镇居民健康投资增加

1%，其城乡收入差距将增加0.030%。由此可见，随着时间推移，城镇居民健康投资对城乡收入差距的影响呈现出先缩小再逐渐扩大的趋势。

不同时期，城镇居民教育投资也是影响城乡收入差距的重要因素，其影响程度同样存在差异。1997～2002年城镇居民教育投资对城乡收入差距具有正向效应且在统计上满足10%的显著性水平，2003～2008年城镇居民教育投资对城乡收入差距同样具有正向效应但在统计上不显著，2009～2013年城镇居民教育投资对城乡收入差距具有正向效应且在统计上满足5%的显著性水平。从影响程度来看，1997～2002年城镇居民教育投资增加1%，其城乡收入差距将增加0.118%；2003～2008年城镇居民教育投资增加1%，其城乡收入差距将增加0.081%；2009～2013年城镇居民教育投资增加1%，其城乡收入差距将增加0.016%。由此可见，随着时间推移，城镇居民教育投资对城乡收入差距的影响呈现出逐渐缩小的趋势，这说明不断增加城镇居民教育投资有助于缩小城乡收入差距。

不同时期，城镇居民迁移投资也是影响城乡收入差距的重要因素。在不同的时期内，城镇居民迁移投资的回归系数为正值但在统计上不显著，说明城镇居民迁移投资对城乡收入差距具有正向效应，即增加城镇居民迁移投资会扩大城乡收入差距。从影响程度来看，1997～2002年城镇居民迁移投资增加1%，其城乡收入差距将增加0.003%；2003～2008年城镇居民迁移投资增加1%，其城乡收入差距将增加0.037%；2009～2013年城镇居民迁移投资增加1%，其城乡收入差距将增加0.006%。由此可见，随着时间推移，城镇居民迁移投资对城乡收入差距的影响呈现出先扩大再缩小的趋势。

综合不同时期城镇居民人力资本投资结构来看，不同时期内其对城乡收入差距的影响程度存在差异。1997～2002年间，教育投资对城乡收入差距的贡献最大，其次是健康投资，最后是迁移投资；2003～2008年间，教育投资对城乡收入差距的贡献最大，其次是迁移投资，最后是健康投资；2009～2013年间，健康投资对城乡收入差距的贡献最大，其次是教育投资，最后是迁移投资。

第三节　中国农村居民人力资本投资对城乡收入差距的实证分析

一、全国层面计量分析结果与分析

表5－7报告了全国层面农村居民人力资本投资及其结构对城乡收入差距影响的系统GMM估计回归结果。从模型检验结果来看，Wald检验值均通过1%的显著性水平说明回归系数整体显著；Sargan检验的P值不显著说明工具变量是有效的；AR（1）和AR（2）检验的P值均不显著，说明模型残差序列不存在一阶和二阶自相关。由此可见，采用系统GMM对面板数据模型的估计是有效的。

从回归结果来看，城乡收入差距的一阶滞后项（L. lnINC）为正值，说明当期城乡收入差距会受到上期的正向影响，说明城乡收入差距变动过程中存在着一定程度的路径依赖现象，同时也可反映出城乡收入差距的弹性较大。

从农村居民人力资本投资变量来看，其回归系数为负值，且在统计上均满足10%的显著性水平，说明农村居民人力资本投资对城乡收入差距具有一定的负向效应，且农村居民人力资本投资每增加1%，全国范围内的城乡收入差距将减少0.058%。从农村居民人力资本投资结构来看，健康投资对城乡收入差距具有正向效应，而教育投资和迁移投资对城乡收入差距均具有负向效应。从影响程度来看，教育投资对城乡收入差距的负向贡献最大，即农村居民教育投资每增加1%，全国范围内的城乡收入差距将减少0.031%。

表 5-7　全国层面的回归结果（1997~2013 年）

变量	因变量为 lnINC				
L. lnINC	0.876** (0.421)	0.674 (0.439)	0.093 (0.306)	-0.383 (0.522)	0.425 (0.322)
$lnHI_R$	0.002 (0.024)			0.062 (0.045)	
$lnEI_R$		-0.001 (0.013)		-0.031 (0.022)	
$lnMI_R$			-0.037** (0.018)	-0.011 (0.021)	
$lnHCI_R$					-0.058* (0.035)
lnUR	-0.042 (0.050)	-0.037 (0.036)	-0.079* (0.046)	0.058 (0.107)	-0.132* (0.075)
lnISR	-0.730 (1.438)	0.315 (1.456)	-0.501 (0.915)	2.135 (2.829)	-3.082 (1.910)
lnPY	-0.271 (0.728)	0.277 (0.610)	1.349* (0.704)	-0.364 (1.072)	1.934** (0.866)
lnXM	0.014 (0.014)	-0.008 (0.013)	-0.007 (0.015)	0.014 (0.020)	-0.002 (0.012)
lnFIS	-0.034 (0.025)	-0.036 (0.026)	-0.015 (0.017)	0.007 (0.023)	-0.013 (0.018)
常数项	5.570 (6.531)	-3.460 (8.240)	-10.056 (7.591)	-4.777 (8.240)	-2.281 (8.218)
时间效应	控制	控制	控制	控制	控制
Wald χ^2	33 809.7 (0.000)	28 876.35 (0.000)	48 493.06 (0.000)	145 763.20 (0.000)	31 562.61 (0.000)
Sargan 检验	7.038 (1.000)	5.886 (1.000)	2.823 (1.000)	1.110 (1.000)	6.327 (1.000)

续表

变量	因变量为 lnINC				
AR（1）检验	-1.524 (0.128)	-1.117 (0.264)	1.311 (0.190)	1.148 (0.251)	0.573 (0.567)
AR（2）检验	-0.470 (0.638)	0.022 (0.982)	2.100 (0.136)	1.573 (0.116)	1.320 (0.187)
观测值数	496	496	496	496	496

二、区域层面计量分析结果与分析

（一）东部地区计量结果与分析

表5-8报告了东部地区农村居民人力资本投资及其结构对城乡收入差距影响的系统GMM估计回归结果。从模型检验结果来看，Wald检验值均通过1%的显著性水平说明回归系数整体显著；Sargan检验的P值不显著说明工具变量是有效的；AR（1）和AR（2）检验的P值均不显著，说明模型残差序列不存在一阶和二阶自相关。由此可见，采用系统GMM对面板数据模型的估计是有效的。

从农村居民人力资本投资变量来看，其回归系数为负值，且在统计上满足10%的显著性水平，说明东部地区农村居民人力资本投资对城乡收入差距具有较显著的负向效应，且农村居民人力资本投资每增加1%，东部地区的城乡收入差距将减少0.090%。从农村居民人力资本投资结构来看，健康投资和教育投资的系数均为负值，说明两者均对城乡收入差距具有负向效应。从影响程度来看，健康投资对城乡收入差距的贡献最大，即农村居民健康投资每增加1%，东部地区的城乡收入差距将减少0.118%；随后是教育投资，即农村居民教育投资每增加1%，东部地区的城乡收入差距将减少0.105%。但是，迁移投资的系数为正值，且在统计上满足10%的显著性水平，说明东部地区农村居民迁移投资对城乡收入差距具有正向效应，且农村居民迁移投资每增加1%，东部地区的城乡收入差距将增加0.012%。

表5-8　东部地区的回归结果（1997~2013年）

变量	因变量为lnINC				
L. lnINC	0.133 (0.125)	-0.022 (0.140)	0.228** (0.095)	0.146 (0.114)	-0.099 (0.154)
$LnHI_R$	-0.100*** (0.027)			-0.118* (0.086)	
$lnEI_R$		-0.051 (0.061)		-0.105 (0.383)	
$lnMI_R$			0.045** (0.022)	0.012* (0.144)	
$lnHCI_R$					-0.090* (0.052)
lnUR	0.757** (0.323)	0.370 (0.262)	0.423 (0.268)	0.864** (0.338)	0.488 (0.304)
lnISR	2.707* (1.505)	0.615 (1.020)	2.644 (1.758)	2.104 (1.430)	0.604 (0.928)
lnPY	-0.350* (0.212)	-0.073 (0.138)	-0.552** (0.275)	-0.401 (0.537)	-0.060 (0.139)
lnXM	0.111** (0.054)	0.069 (0.048)	0.287* (0.159)	0.066 (0.251)	0.072 (0.048)
lnFIS	0.313* (0.184)	0.157 (0.150)	0.509** (0.260)	0.362 (0.751)	0.204 (0.163)
常数项	-11.255* (5.847)	-3.076 (4.126)	-9.842 (6.611)	-8.893 (5.814)	-3.391 (3.867)
时间效应	控制	控制	控制	控制	控制
Wald χ^2	1 148.12 (0.000)	116.51 (0.000)	197.96 (0.000)	52.88 (0.000)	191.42 (0.000)

续表

变量	因变量为 lnINC				
Sargan 检验	1. 464 (1. 000)	6. 546 (1. 000)	3. 875 (1. 000)	0. 302 (1. 000)	5. 876 (1. 000)
AR（1）检验	-0. 122 (0. 903)	-1. 629 (0. 103)	0. 222 (0. 824)	0. 080 (0. 936)	-1. 367 (0. 172)
AR（2）检验	0. 319 (0. 750)	0. 024 (0. 981)	0. 766 (0. 444)	-0. 074 (0. 941)	-1. 495 (0. 135)
观测值数	176	176	176	176	176

（二）中部地区计量结果与分析

表 5 -9 报告了中部地区农村居民人力资本投资及其结构对城乡收入差距影响的系统 GMM 估计回归结果。从模型检验结果来看，Wald 检验值均通过 1% 的显著性水平说明回归系数整体显著；Sargan 检验的 P 值不显著说明工具变量是有效的；AR（1）和 AR（2）检验的 P 值均不显著，说明模型残差序列不存在一阶和二阶自相关。由此可见，采用系统 GMM 对面板数据模型的估计是有效的。

从农村居民人力资本投资变量来看，其回归系数为负值，但在统计上不显著，说明中部地区农村居民人力资本投资对城乡收入差距具有负向效应，且农村居民人力资本投资每增加 1%，中部地区的城乡收入差距将减少 0. 285%。从农村居民人力资本投资结构来看，健康投资、教育投资和迁移投资对城乡收入差距均具有负向效应。从影响程度来看，教育投资对城乡收入差距的负向贡献最大，即农村居民教育投资每增加 1%，中部地区的城乡收入差距将减少 1. 287%；其次是健康投资，即农村居民健康投资每增加 1%，中部地区的城乡收入差距将减少 0. 505%；最后是迁移投资，即农村居民迁移投资每增加 1%，中部地区的城乡收入差距将减少 0. 097%。

表5-9　　中部地区的回归结果（1997~2013年）

变量	因变量为lnINC				
L. lnINC	0.003 (0.187)	0.268* (0.139)	0.063 (0.125)	0.103 (0.108)	-0.014 (0.175)
$lnHI_R$	-0.199* (0.120)			-0.505 (0.318)	
$lnEI_R$		-0.046 (0.266)		-1.287** (0.617)	
$lnMI_R$			-0.020 (0.132)	-0.097 (0.134)	
$lnHCI_R$					-0.285 (0.233)
lnUR	3.254 (2.008)	0.572 (1.108)	1.027* (0.610)	1.289 (0.897)	4.212* (2.165)
lnISR	2.660 (2.178)	12.385** (5.664)	-0.701 (0.618)	-0.163 (0.369)	3.872* (2.185)
lnPY	0.212 (0.347)	-0.239 (0.331)	-0.153 (0.115)	-0.493*** (0.140)	0.233 (0.352)
lnXM	-0.282 (0.531)	-0.738 (0.551)	0.350* (0.204)	-0.042 (0.132)	-0.432 (0.524)
lnFIS	-0.310 (0.672)	-0.494 (0.568)	0.489** (0.218)	0.530*** (0.204)	-0.519 (0.677)
常数项	-21.254 (13.482)	-50.560** (21.837)	-39.728* (17.724)	-27.561 (18.298)	-28.322** (13.955)
时间效应	控制	控制	控制	控制	控制
Wald χ^2	322.69 (0.000)	348.73 (0.000)	170.41 (0.000)	498.44 (0.000)	253.86 (0.000)
Sargan检验	0.002 (1.000)	0.001 (1.000)	0.003 (1.000)	0.009 (1.000)	0.007 (1.000)

续表

变量	因变量为 lnINC				
AR（1）检验	0.436 （0.663）	0.382 （0.372）	0.418 （0.528）	0.682 （0.398）	1.048 （0.295）
AR（2）检验	-1.097 （0.273）	-0.209 （0.387）	-0.092 （0.378）	-1.892 （0.418）	-1.669 （0.095）
观测值数	128	128	128	128	128

（三）西部地区计量结果与分析

表 5-10 报告了西部地区农村居民人力资本投资及其结构对城乡收入差距影响的系统 GMM 估计回归结果。从模型检验结果来看，Wald 检验值均通过 1% 的显著性水平说明回归系数整体显著；Sargan 检验的 P 值不显著说明工具变量是有效的；AR（1）和 AR（2）检验的 P 值均不显著，说明模型残差序列不存在一阶和二阶自相关。由此可见，采用系统 GMM 对面板数据模型的估计是有效的。

从农村居民人力资本投资变量来看，其回归系数为负值，但在统计上不显著，说明西部地区农村居民人力资本投资对城乡收入差距具有负向效应，且农村居民人力资本投资每增加 1%，西部地区的城乡收入差距将减少 0.149%。从农村居民人力资本投资结构来看，健康投资、教育投资和迁移投资对城乡收入差距均具有负向效应。从影响程度来看，教育投资对城乡收入差距的负向贡献最大，即农村居民教育投资每增加 1%，西部地区的城乡收入差距将减少 0.054%；其次是迁移投资，即农村居民迁移投资每增加 1%，西部地区的城乡收入差距将减少 0.026%；最后是健康投资，即农村居民健康投资每增加 1%，西部地区的城乡收入差距将减少 0.013%。

表 5-10　　西部地区的回归结果（1997~2013 年）

变量	因变量为 lnINC				
L. lnINC	0.256 (0.199)	0.582*** (0.106)	0.563*** (0.115)	0.476*** (0.134)	0.602*** (0.101)
$lnHI_R$	-0.039 (0.032)			-0.013 (0.037)	
$lnEI_R$		-0.071 (0.101)		-0.054 (0.112)	
$lnMI_R$			-0.001 (0.063)	-0.026 (0.081)	
$lnHCI_R$					-0.149 (0.101)
lnUR	-0.166 (0.563)	0.239 (0.556)	-0.490 (0.790)	-1.166 (0.911)	0.304 (0.648)
lnISR	1.760*** (0.679)	2.735*** (0.843)	2.101*** (0.772)	2.487*** (0.873)	2.703*** (0.797)
lnPY	-0.028 (0.116)	-0.223* (0.116)	-0.072 (0.116)	0.005 (0.129)	-0.170 (0.115)
lnXM	-0.008 (0.016)	-0.060 (0.055)	-0.007 (0.048)	0.093 (0.100)	-0.011 (0.047)
lnFIS	-0.008 (0.041)	-0.034 (0.053)	0.015 (0.043)	0.015 (0.059)	0.011 (0.038)
常数项	-5.806*** (2.198)	-9.688*** (3.241)	-6.543* (3.446)	-6.811* (3.933)	-9.992*** (3.382)
时间效应	控制	控制	控制	控制	控制
Wald χ^2	72.97 (0.000)	394.21 (0.000)	229.89 (0.000)	141.58 (0.000)	225.73 (0.000)
Sargan 检验	4.649 (1.000)	8.676 (1.000)	8.983 (1.000)	6.054 (1.000)	9.856 (1.000)

续表

变量	因变量为 lnINC				
AR（1）检验	0.208 （0.836）	-1.508 （0.132）	-1.096 （0.273）	0.010 （0.992）	-1.638 （0.102）
AR（2）检验	1.865 （0.062）	1.089 （0.276）	1.369 （0.171）	1.154 （0.248）	1.098 （0.272）
观测值数	192	192	192	192	192

三、分时期计量分析结果与分析

中国农村居民人力资本投资存在明显的阶段性特征。根据中国农村居民人力资本投资与城乡收入差距的变化趋势（参见图 5-2），中国农村居民人力资本投资总体上呈现增长的态势，而城乡收入差距具有一定的波动性，两者均呈现出一定的阶段性变化趋势：1997～2002 年农村居民人力资本投资和城乡收入差距均呈现出稳定增长的趋势；2003～2008 年农村居民人力资本投资快速增长，而城乡收入差距呈现

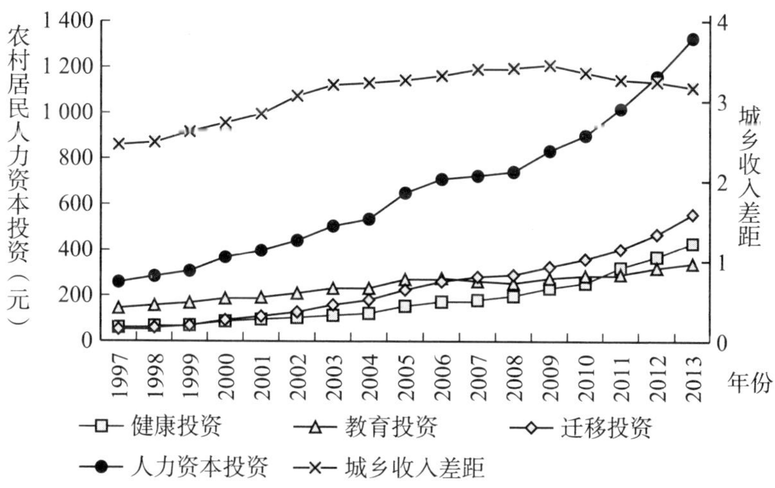

图 5-2　中国农村居民人力资本投资与城乡收入差距的变化趋势

出较为稳定的态势；2009～2013年农村居民人力资本投资快速增长，而城乡收入差距开始出现缓慢下降的态势。因此，为了更进一步探讨农村居民人力资本投资对城乡收入差距的影响，在此将全国数据按照时间范围划分为三个不同时期，以获取稳健的研究结论。

表5－11报告了全国分时期农村居民人力资本投资及其结构对城乡收入差距影响的系统GMM估计回归结果。从模型检验结果来看，Wald检验值均通过1%的显著性水平说明回归系数整体显著；Sargan检验的P值不显著说明工具变量是有效的；AR（2）检验的P值均不显著，说明模型残差序列不存在二阶自相关（模型可以允许一阶自相关的存在）。由此可见，采用系统GMM对面板数据模型的估计是有效的。

表5－11　　　　全国分时期的回归结果

变量	因变量为lnINC					
	1997～2002年		2003～2008年		2009～2013年	
L. lnINC	0.907*** (0.053)	0.928*** (0.053)	0.765*** (0.107)	0.606*** (0.077)	0.218 (0.143)	0.388*** (0.108)
$lnHI_C$	－0.014 (0.020)		－0.006 (0.028)		－0.008 (0.013)	
$lnEI_C$	－0.003 (0.026)		－0.017 (0.018)		－0.012 (0.010)	
$lnMI_C$	－0.041*** (0.014)		－0.094*** (0.028)		－0.022 (0.018)	
$lnHCI_C$		－0.077** (0.036)		－0.028 (0.025)		－0.011 (0.027)
lnUR	－0.025 (0.033)	－0.013 (0.039)	－0.226*** (0.061)	－0.234*** (0.064)	－0.007 (0.031)	－0.010 (0.034)
lnISR	0.791** (0.330)	0.750** (0.313)	－0.148 (0.324)	－0.004 (0.283)	0.228 (0.205)	0.232 (0.208)

续表

变量	因变量为 lnINC					
	1997～2002 年		2003～2008 年		2009～2013 年	
lnPY	−0.207***	−0.158**	−0.017	0.023	−0.222***	−0.191***
	(0.077)	(0.072)	(0.072)	(0.075)	(0.039)	(0.034)
lnXM	0.030	0.018	0.006	0.011	−0.016	−0.001
	(0.030)	(0.032)	(0.017)	(0.017)	(0.013)	(0.010)
lnFIS	−0.047***	−0.050***	−0.016	0.010	−0.046**	−0.051**
	(0.012)	(0.013)	(0.023)	(0.021)	(0.020)	(0.023)
常数项	−1.088	−1.171	1.504	0.843	2.303***	1.779*
	(1.039)	(1.057)	(1.191)	(1.070)	(0.874)	(0.929)
时间效应	控制	控制	控制	控制	控制	控制
Wald χ^2	2 699.46	2 508.47	1 025.82	676.11	1 579.48	1 275.52
	(0.000)	(0.000)	(0.000)	(0.000)	(0.000)	(0.000)
Sargan 检验	18.806	18.906	10.557	13.469	10.527	11.931
	(0.129)	(0.126)	(0.648)	(0.412)	(0.230)	(0.154)
AR（1）检验	−2.484	−2.528	−2.533	−1.930	−0.626	−1.492
	(0.013)	(0.012)	(0.011)	(0.054)	(0.531)	(0.136)
AR（2）检验	0.166	−0.948	0.372	0.153	−0.186	0.651
	(0.868)	(0.924)	(0.710)	(0.878)	(0.853)	(0.515)
观测值数	155	155	155	155	124	124

不同时期，农村居民人力资本投资是影响城乡收入差距的重要因素，但是影响程度存在差异。1997～2002 年农村居民人力资本投资对城乡收入差距具有负向效应且在统计上满足 10% 的显著性水平，2003～2008 年农村居民人力资本投资对城乡收入差距同样具有负向效应但在统计上不显著，2009～2013 年农村居民人力资本投资对城乡收入差距同样具有负向效应但在统计上不显著。从影响程度来看，1997～2002 年农村居民人力资本投资增加 1%，其城乡收入差距将减少 0.077%；2003～2008 年农村居民人力资本投资增加 1%，其城乡

收入差距将减少0.028%；2009～2013年农村居民人力资本投资增加1%，其城乡收入差距将减少0.011%。由此可见，随着时间推移，农村居民人力资本投资对城乡收入差距的影响呈现出逐渐缩小的趋势。这说明不断增加农村居民人力资本投资有助于缩小城乡收入差距。

不同时期，农村居民健康投资也是影响城乡收入差距的重要因素，其影响程度同样存在差异。在不同的时期内，农村居民健康投资的回归系数为负值但在统计上不显著，说明农村居民健康投资对城乡收入差距具有负向效应，即增加农村居民健康投资有助于缩小城乡收入差距。从影响程度来看，1997～2002年农村居民健康投资增加1%，其城乡收入差距将减少0.014%；2003～2008年农村居民健康投资增加1%，其城乡收入差距将减少0.006%；2009～2013年农村居民健康投资增加1%，其城乡收入差距将减少0.008%。由此可见，随着时间推移，农村居民健康投资对城乡收入差距的影响差异不大，但是总体呈现出缓慢缩小的趋势。这说明不断增加农村居民健康投资有助于缩小城乡收入差距。

不同时期，农村居民教育投资也是影响城乡收入差距的重要因素，其影响程度同样存在差异。在不同的时期内，农村居民教育投资的回归系数为负值但在统计上不显著，说明农村居民教育投资对城乡收入差距具有负向效应，即增加农村居民教育投资有助于缩小城乡收入差距。从影响程度来看，1997～2002年农村居民教育投资增加1%，其城乡收入差距将减少0.003%；2003～2008年农村居民教育投资增加1%，其城乡收入差距将减少0.017%；2009～2013年农村居民教育投资增加1%，其城乡收入差距将减少0.012%。由此可见，随着时间推移，农村居民教育投资对城乡收入差距的影响呈现出缓慢扩大而后缓慢缩小的趋势。

不同时期，农村居民迁移投资也是影响城乡收入差距的重要因素。在不同的时期内，农村居民迁移投资的回归系数为负值，说明农村居民迁移投资对城乡收入差距具有负向效应，即增加农村居民迁移投资有助于缩小城乡收入差距。从影响程度来看，1997～2002年农村居民迁移投资增加1%，其城乡收入差距将减少0.041%，且在统计上满足1%的显著性水平；2003～2008年农村居民迁移投资增加1%，其城乡收入差距将减少0.094%，且在统计上满足1%的显著性水平；2009～2013年农村居民迁移投资增加1%，其城乡收入差距将减少0.022%。由此可见，随着时间推移，农村居民迁移投资对城乡收入差距的影响呈现出先扩大再缩小的趋势。

综合不同时期农村居民人力资本投资结构来看，不同时期内其对城乡收入差距的影响程度存在差异。1997～2002年间，迁移投资对城乡收入差距的贡献最大，其次是健康投资，最后是教育投资；2003～2008年间，迁移投资对城乡收入差距的贡献最大，其次是教育投资，最后是健康投资；2009～2013年间，迁移投资对城乡收入差距的贡献最大，其次是教育投资，最后是健康投资。

第四节　中国居民人力资本投资对城乡收入差距的实证分析

一、全国层面计量分析结果与分析

表5－12报告了全国层面城乡居民人力资本投资比值及其结构比值对城乡收入差距影响的系统GMM估计回归结果。从模型检验结果来看，Wald检验值均通过1%的显著性水平说明回归系数整体显著；Sargan检验的P值不显著说明工具变量是有效的；AR（1）和AR（2）检验的P值均不显著，说明模型残差序列不存在一阶和二阶自相关。由此可见，采用系统GMM对面板数据模型的估计是有效的。

从回归结果来看，城乡收入差距的一阶滞后项（L.lnINC）为正值，说明当期城乡收入差距会受到上期的正向影响，说明城乡收入差距变动过程中存在着一定程度的路径依赖现象，同时也可反映出城乡收入差距的弹性较大。

从城乡居民人力资本投资比值变量来看，其回归系数为正值，且在统计上满足1%的显著性水平，说明城乡居民人力资本投资比值对城乡收入差距具有显著的正向效应，且城乡居民人力资本投资每增加1%，全国范围内的城乡收入差距将增加0.077%。从城乡居民人力资本投资结构比值来看，健康投资比值、教育投资比值和迁移投资比值的系数均为正值，且在统计上满足一定的显著性，说明三者投资比值均对城乡收入差距具有正向效应。从影响程度来看，迁移投资比值对城乡收入差距的贡献最大，即城乡居民迁移投资比值每增加1%，全国范围内的城乡收入差距将增加0.049%；其次是教育投资比值，即城乡居民教育投资比值每增加1%，全国范围内的城乡收入差距将增加0.044%；最后是健康投资比值，即城乡居民健康投资比值每增加1%，全国范围内的城乡收入差距将增加0.001%。

此外，控制变量城市化、非农产业发展和政府财政支出的系数均为负值，说明三者对城乡收入差距具有负向影响，而经济发展实力和对外贸易的系数均为正值，说明两者对城乡收入差距具有正向影响。

表5-12　全国层面的回归结果（1997~2013年）

变量	因变量为lnINC				
L. lnINC	0.506 (0.324)	0.563** (0.262)	0.069 (0.356)	-0.169 (0.340)	0.339 (0.271)
lnHI	0.008 (0.013)			0.001 (0.013)	
lnEI		0.018 (0.015)		0.044*** (0.015)	
lnMI			0.047*** (0.012)	0.049*** (0.014)	
lnHCI					0.077*** (0.023)
lnUR	-0.077 (0.063)	-0.104 (0.065)	-0.005 (0.050)	-0.023 (0.044)	-0.048 (0.066)

续表

变量	因变量为 lnINC				
lnISR	-1.634 (1.732)	-2.047 (1.541)	1.180 (1.791)	-0.624 (1.236)	-0.310 (2.066)
lnPY	0.851 (0.697)	1.329* (0.794)	0.641* (0.363)	0.380 (0.389)	1.006* (0.589)
lnXM	-0.002 (0.017)	-0.001 (0.012)	-0.001 (0.012)	0.003 (0.012)	0.001 (0.013)
lnFIS	-0.020 (0.022)	-0.025 (0.019)	-0.011 (0.019)	-0.001 (0.020)	-0.013 (0.017)
常数项	0.281 (5.832)	-2.090 (7.905)	-9.956 (9.244)	0.100 (6.848)	-6.875 (7.597)
时间效应	控制	控制	控制	控制	控制
Wald χ^2	63 050.29 (0.000)	18 097.50 (0.000)	49 338.39 (0.000)	42 721.80 (0.000)	37 313.59 (0.000)
Sargan 检验	11.111 (1.000)	7.437 (1.000)	2.675 (1.000)	3.451 (1.000)	6.895 (1.000)
AR（1）检验	-1.062 (0.288)	-0.819 (0.413)	0.460 (0.646)	0.515 (0.607)	-0.275 (0.784)
AR（2）检验	0.269 (0.788)	0.994 (0.320)	1.888 (0.059)	1.414 (0.157)	1.141 (0.254)
观测值数	496	496	496	496	496

二、区域层面计量分析结果与分析

（一）东部地区计量结果与分析

表 5-13 报告了东部地区城乡居民人力资本投资比值及其结构比值对城乡收入差距影响的系统 GMM 估计回归结果。从模型检验结果

来看，Wald 检验值均通过 1% 的显著性水平说明回归系数整体显著；Sargan 检验的 P 值不显著说明工具变量是有效的；AR（1）和 AR（2）检验的 P 值均不显著，说明模型残差序列不存在一阶和二阶自相关。由此可见，采用系统 GMM 对面板数据模型的估计是有效的。

从城乡居民人力资本投资比值变量来看，其回归系数为正值，且在统计上是显著的，说明东部地区城乡居民人力资本投资比值对城乡收入差距具有正向效应，且城乡居民人力资本投资每增加 1%，东部地区的城乡收入差距将增加 0.097%。从城乡居民人力资本投资结构比值来看，健康投资比值、教育投资比值和迁移投资比值的系数均为正值，且在统计上是显著的，说明三者投资比值均对城乡收入差距具有正向效应。从影响程度来看，健康投资比值对城乡收入差距的贡献最大，即城乡居民健康投资比值每增加 1%，东部地区的城乡收入差距将增加 0.401%；其次是迁移投资比值，即城乡居民迁移投资比值每增加 1%，东部地区的城乡收入差距将增加 0.238%；最后是教育投资比值，即城乡居民教育投资比值每增加 1%，东部地区的城乡收入差距将增加 0.095%。

表 5-13　　东部地区的回归结果（1997～2013 年）

变量	因变量为 lnINC				
L. lnINC	0.164* (0.086)	0.252*** (0.088)	0.048 (0.143)	0.097 (0.766)	-0.070 (0.136)
lnHI	0.158*** (0.047)			0.401* (1.911)	
lnEI		0.098*** (0.030)		0.095* (0.312)	
lnMI			0.093*** (0.025)	0.238* (1.969)	
lnHCI					0.097* (0.130)

续表

变量	因变量为 lnINC				
lnUR	0.069 (0.326)	0.365 (0.341)	0.717* (0.377)	0.199 (1.195)	0.623** (0.280)
lnISR	0.186 (0.951)	0.891 (1.308)	4.517** (2.257)	-1.947 (3.868)	3.562** (1.556)
lnPY	-0.010 (0.181)	-0.129 (0.137)	-0.479* (0.286)	0.176 (1.563)	-0.317** (0.152)
lnXM	0.050 (0.053)	0.044 (0.049)	-0.027 (0.061)	0.005 (0.930)	0.001 (0.063)
lnFIS	0.245 (0.186)	0.146 (0.154)	0.179 (0.168)	0.188 (2.205)	0.120 (0.135)
常数项	-1.200 (3.842)	-4.054 (5.117)	-17.783** (8.645)	6.586 (14.631)	-14.610** (6.140)
时间效应	控制	控制	控制	控制	控制
Wald χ^2	54.41 (0.000)	177.15 (0.000)	159.00 (0.000)	245.35 (0.000)	396.62 (0.000)
Sargan 检验	5.732 (1.000)	6.678 (1.000)	4.115 (1.000)	0.699 (1.000)	1.364 (1.000)
AR（1）检验	-1.908 (0.056)	-1.579 (0.114)	-0.633 (0.527)	-0.125 (0.901)	-0.540 (0.589)
AR（2）检验	-0.160 (0.873)	0.543 (0.587)	0.941 (0.347)	-0.532 (0.595)	1.041 (0.298)
观测值数	176	176	176	176	176

（二）中部地区计量结果与分析

表5-14报告了中部地区城乡居民人力资本投资比值及其结构比值对城乡收入差距影响的系统GMM估计回归结果。从模型检验结果来看，Wald检验值均通过1%的显著性水平说明回归系数整体显著；

Sargan 检验的 P 值不显著说明工具变量是有效的；AR（1）和 AR（2）检验的 P 值均不显著，说明模型残差序列不存在一阶和二阶自相关。由此可见，采用系统 GMM 对面板数据模型的估计是有效的。

从城乡居民人力资本投资比值变量来看，其回归系数为正值，且在统计上是显著的，说明中部地区城乡居民人力资本投资比值对城乡收入差距具有正向效应，且城乡居民人力资本投资每增加 1%，中部地区的城乡收入差距将增加 0.148%。从城乡居民人力资本投资结构比值来看，健康投资比值、教育投资比值和迁移投资比值的系数均为正值，说明三者投资比值均对城乡收入差距具有正向效应，且仅有教育投资的系数值在统计上是显著的。从影响程度来看，教育投资比值对城乡收入差距的贡献最大，即城乡居民教育投资比值每增加 1%，中部地区的城乡收入差距将增加 0.214%；其次是健康投资比值，即城乡居民健康投资比值每增加 1%，中部地区的城乡收入差距将增加 0.201%；最后是迁移投资比值，即城乡居民迁移投资比值每增加 1%，中部地区的城乡收入差距将增加 0.011%。

表 5－14　　中部地区的回归结果（1997～2013 年）

变量	因变量为 lnINC				
L. lnINC	−0.422 (0.462)	0.220 (0.196)	0.085 (0.272)	0.129 (0.329)	0.309 (1.095)
lnHI	0.359* (0.191)			0.201 (0.233)	
lnEI		0.409** (0.197)		0.214** (0.105)	
lnMI			0.204 (0.184)	0.011 (0.168)	
lnHCI					0.148* (0.581)

续表

变量	因变量为 lnINC				
lnUR	0.512 (0.942)	1.233 (1.248)	0.048 (2.405)	0.121 (1.728)	0.020 (7.168)
lnISR	2.559 (2.296)	9.110** (4.111)	6.219 (11.740)	-0.359 (0.239)	9.533 (29.758)
lnPY	0.754 (0.642)	-0.586 (0.443)	-0.160 (0.119)	0.0123 (0.358)	-0.566 (1.544)
lnXM	-0.158 (0.245)	-0.509 (0.706)	-0.346 (1.191)	-0.002 (0.079)	0.041 (0.163)
lnFIS	-1.596 (1.221)	-0.390 (0.322)	0.032 (0.638)	0.893 (1.200)	0.019 (0.289)
常数项	-14.416** (7.056)	-36.549** (17.109)	-24.856 (39.439)	-28.876 (29.819)	-36.655 (94.872)
时间效应	控制	控制	控制	控制	控制
Wald χ^2	155.45 (0.000)	68.31 (0.000)	73.53 (0.000)	466.55 (0.000)	29.13 (0.000)
Sargan 检验	0.166 (1.000)	0.284 (1.000)	0.891 (1.000)	1.218 (1.000)	0.134 (1.000)
AR（1）检验	-1.026 (0.305)	-0.402 (0.688)	0.674 (0.500)	0.984 (0.765)	0.198 (0.843)
AR（2）检验	-0.812 (0.417)	-1.101 (0.271)	-0.426 (0.670)	-0.243 (0.672)	-0.551 (0.581)
观测值数	128	128	128	128	128

（三）西部地区计量结果与分析

表5-15报告了西部地区城乡居民人力资本投资比值及其结构比值对城乡收入差距影响的系统GMM估计回归结果。从模型检验结果来看，Wald检验值均通过1%的显著性水平说明回归系数整体显著；

Sargan 检验的 P 值不显著说明工具变量是有效的；AR（1）和 AR（2）检验的 P 值均不显著，说明模型残差序列不存在一阶和二阶自相关。由此可见，采用系统 GMM 对面板数据模型的估计是有效的。

从城乡居民人力资本投资比值变量来看，其回归系数为正值，且在统计上满足 1% 的显著性水平，说明西部地区城乡居民人力资本投资比值对城乡收入差距具有显著的正向效应，且城乡居民人力资本投资每增加 1%，西部地区的城乡收入差距将增加 0.177%。从城乡居民人力资本投资结构比值来看，健康投资比值、教育投资比值和迁移投资比值的系数均为正值，说明三者投资比值均对城乡收入差距具有正向效应，但在统计上不显著。从影响程度来看，教育投资比值对城乡收入差距的贡献最大，即城乡居民教育投资比值每增加 1%，西部地区的城乡收入差距将增加 0.190%；其次是迁移投资比值，即城乡居民迁移投资比值每增加 1%，西部地区的城乡收入差距将增加 0.039%；最后是健康投资比值，即城乡居民健康投资比值每增加 1%，西部地区的城乡收入差距将增加 0.004%。

表 5-15　　西部地区的回归结果（1997~2013 年）

变量	因变量为 lnINC				
L. lnINC	0.263* (0.145)	0.496*** (0.129)	0.393*** (0.118)	0.127 (0.146)	0.144 (0.146)
lnHI	0.091*** (0.026)			0.004 (0.050)	
lnEI		0.075*** (0.019)		0.190 (0.131)	
lnMI			0.133** (0.054)	0.039 (0.069)	
lnHCI					0.177*** (0.058)

续表

变量	因变量为 lnINC				
lnUR	0.005 (0.314)	-0.589 (0.777)	0.048 (0.429)	-1.033 (1.043)	0.182 (0.375)
lnISR	1.282** (0.515)	2.440*** (0.653)	2.666*** (0.549)	2.108** (0.840)	2.025*** (0.290)
lnPY	-0.146* (0.076)	-0.112 (0.128)	-0.181** (0.072)	-0.221 (0.159)	-0.247** (0.101)
lnXM	0.184** (0.091)	-0.034 (0.039)	-0.048 (0.054)	0.119** (0.059)	-0.056 (0.051)
lnFIS	0.251** (0.110)	-0.002 (0.034)	0.007 (0.035)	0.305** (0.142)	0.143* (0.087)
常数项	-4.744*** (1.809)	-7.273*** (1.818)	-9.641*** (2.183)	-4.371 (3.154)	-6.764*** (0.958)
时间效应	控制	控制	控制	控制	控制
Wald χ^2	413.67 (0.000)	1 082.55 (0.000)	304.24 (0.000)	466.21 (0.000)	429.27 (0.000)
Sargan 检验	3.609 (1.000)	8.158 (1.000)	8.127 (1.000)	1.004 (1.000)	4.916 (1.000)
AR (1) 检验	-1.627 (0.104)	-0.464 (0.643)	-1.290 (0.197)	-0.089 (0.929)	-0.265 (0.791)
AR (2) 检验	0.048 (0.962)	1.594 (0.111)	1.642 (0.101)	0.606 (0.544)	0.710 (0.478)
观测值数	192	192	192	192	192

三、分时期计量分析结果与分析

中国城乡居民人力资本投资存在明显的阶段性特征。根据中国城乡居民人力资本投资比值与城乡收入差距的变化趋势（参见图5-2），中国城乡居民人力资本投资比值和城乡收入差距均具有一定的波动性，且呈现出一定的阶段性变化趋势：1997～2002 年城乡居民人力资本投资比值和城乡收入差距均呈现出稳定增长的趋势；2003～2008 年城乡居民人力资本投资比值开始出现下降的趋势，而城乡收入差距呈现出较为稳定的态势；2009～2013 年城乡居民人力资本投资比值和城乡收入差距均呈现出下降的态势。因此，为了更进一步探讨城乡居民人力资本投资对城乡收入差距的影响，在此将全国数据按照时间范围划分为三个不同时期，以获取稳健的研究结论。

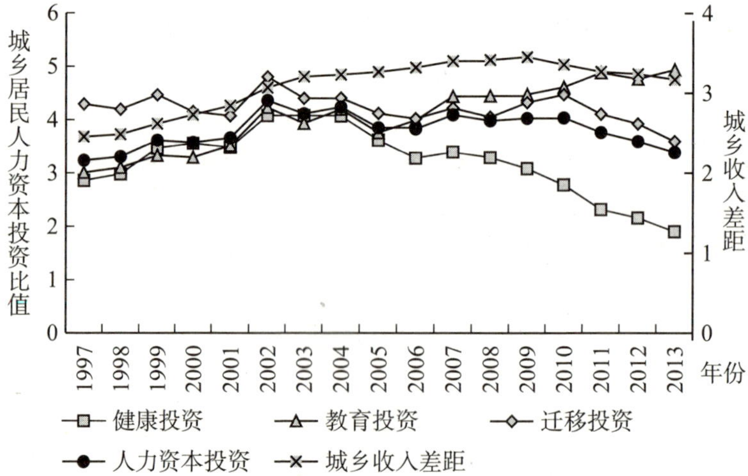

图 5－3　中国城乡居民人力资本投资比值与城乡收入差距的变化趋势

表 5－16 报告了全国分时期城乡居民人力资本投资比值及其结构比值对城乡收入差距影响的系统 GMM 估计回归结果。从模型检验结果来看，Wald 检验值均通过 1% 的显著性水平说明回归系数整体显著；Sargan 检验的 P 值不显著说明工具变量是有效的；AR（2）检验的 P 值均不显著，说明模型残差序列不存在二阶自相关（模型可以允许一阶自相关的存在）。由此可见，采用系统 GMM 对面板数据模型的估计是有效的。

表 5-16　　全国分时期的回归结果

变量	因变量为 lnINC					
	1997～2002 年		2003～2008 年		2009～2013 年	
L. lnINC	0.813*** (0.070)	0.888*** (0.063)	0.493*** (0.131)	0.375*** (0.143)	0.217 (0.166)	0.341** (0.143)
$lnHI_C$	0.025 (0.016)		0.009 (0.026)		0.006 (0.008)	
$lnEI_C$	0.047** (0.019)		0.058*** (0.014)		-0.012 (0.009)	
$lnMI_C$	0.026*** (0.008)		-0.010 (0.017)		0.013 (0.011)	
$lnHCI_C$		0.070** (0.034)		0.078*** (0.023)		0.003 (0.025)
lnUR	-0.019 (0.033)	-0.016 (0.044)	-0.183** (0.076)	-0.210*** (0.078)	0.008 (0.031)	-0.012 (0.034)
lnISR	0.959*** (0.331)	0.809** (0.317)	-0.049 (0.240)	0.071 (0.250)	0.256 (0.201)	0.230 (0.206)
lnPY	-0.190*** (0.066)	-0.182*** (0.067)	-0.001 (0.077)	-0.007 (0.076)	-0.232*** (0.032)	-0.202*** (0.034)
lnXM	0.019 (0.029)	0.017 (0.029)	0.015 (0.017)	0.019 (0.016)	-0.015 (0.009)	-0.002 (0.010)
lnFIS	-0.040*** (0.014)	-0.050*** (0.014)	0.011 (0.025)	0.012 (0.025)	-0.061*** (0.019)	-0.052** (0.025)
常数项	-2.296** (1.106)	-1.729 (1.108)	1.313 (1.066)	1.032 (1.171)	2.279** (0.887)	1.950** (0.938)
时间效应	控制	控制	控制	控制	控制	控制
Wald χ^2	2 656.22 (0.000)	1 991.10 (0.000)	2 171.24 (0.000)	349.80 (0.000)	2 504.11 (0.000)	2 137.03 (0.000)

续表

变量	因变量为 lnINC					
	1997~2002 年		2003~2008 年		2009~2013 年	
Sargan 检验	18.105 (0.154)	17.570 (0.175)	10.619 (0.643)	12.273 (0.505)	10.990 (0.202)	11.885 (0.156)
AR（1）检验	-2.462 (0.014)	-2.571 (0.010)	-2.266 (0.024)	-1.897 (0.058)	-1.018 (0.309)	-1.274 (0.203)
AR（2）检验	0.537 (0.591)	0.155 (0.877)	-0.662 (0.508)	-0.354 (0.723)	-0.287 (0.774)	0.623 (0.533)
观测值数	155	155	155	155	124	124

不同时期，城乡居民人力资本投资比值是影响城乡收入差距的重要因素，但是影响程度存在差异。1997~2002 年城乡居民人力资本投资比值对城乡收入差距具有正向效应且在统计上满足 5% 的显著性水平，2003~2008 年城乡居民人力资本投资比值对城乡收入差距同样具有正向效应且在统计上满足 1% 的显著性水平，2009~2013 年城乡居民人力资本投资比值对城乡收入差距具有正向效应但在统计上不显著，这说明增加城乡居民人力资本投资比值会扩大城乡收入差距。从影响程度来看，1997~2002 年城乡居民人力资本投资比值增加 1%，其城乡收入差距将增加 0.070%；2003~2008 年城乡居民人力资本投资比值增加 1%，其城乡收入差距将增加 0.078%；2009~2013 年城乡居民人力资本投资比值增加 1%，其城乡收入差距将增加 0.003%。由此可见，随着时间推移，城乡居民人力资本投资比值对城乡收入差距的影响呈现出先扩大再逐渐缩小的趋势。

不同时期，城乡居民健康投资比值也是影响城乡收入差距的重要因素，其影响程度同样存在差异。在不同的时期内，城乡居民健康投资比值的回归系数为正值但在统计上不显著，说明城乡居民健康投资比值对城乡收入差距具有正向效应，即增加城乡居民健康投资比值会扩大城乡收入差距。从影响程度来看，1997~2002 年城乡居民健康投资比值增加 1%，其城乡收入差距将增加 0.025%；2003~2008 年城乡居民健康投资比值增加1%，其城乡收入差距将增加0.009%；2009~2013年城乡居民健康投资比值增加1%，其城乡收入差距将增加0.006%。由此可见，随着时间推移，城乡居民健康投资比值对城乡收入差距的影响呈现出逐渐缩小的趋势，即增加居民健康投资比值会有助于缩小城乡收入差距。

不同时期，城乡居民教育投资比值也是影响城乡收入差距的重要因素，其影响程度同样存在差异。1997~2002年城乡居民教育投资比值对城乡收入差距具有正向效应且在统计上满足5%的显著性水平，2003~2008年城乡居民教育投资比值对城乡收入差距同样具有正向效应且在统计上满足1%的显著性水平，2009~2013年城乡居民教育投资比值对城乡收入差距具有负向效应但在统计上不显著。从影响程度来看，1997~2002年城乡居民教育投资比值增加1%，其城乡收入差距将增加0.047%；2003~2008年城乡居民教育投资比值增加1%，其城乡收入差距将增加0.058%；2009~2013年城乡居民教育投资比值增加1%，其城乡收入差距将减少0.012%。由此可见，随着时间推移，城乡居民教育投资比值对城乡收入差距的影响呈现出先扩大再缩小的趋势。

不同时期，城乡居民迁移投资比值也是影响城乡收入差距的重要因素。1997~2002年城乡居民迁移投资比值对城乡收入差距具有正向效应且在统计上满足1%的显著性水平，2003~2008年城乡居民迁移投资比值对城乡收入差距同样具有负向效应但在统计上不显著，2009~2013年城乡居民迁移投资比值对城乡收入差距具有正向效应但在统计上不显著。从影响程度来看，1997~2002年城乡居民迁移投资比值增加1%，其城乡收入差距将增加0.026%；2003~2008年城乡居民迁移投资比值增加1%，其城乡收入差距将减少0.010%；2009~2013年城乡居民迁移投资比值增加1%，其城乡收入差距将增加0.013%。由此可见，随着时间推移，城乡居民迁移投资比值对城乡收入差距的影响呈现出先缩小再扩大的趋势。

综合不同时期城乡居民人力资本投资比值结构来看，不同时期内其对城乡收入差距的影响程度存在差异。1997~2002年间，教育投资比值对城乡收入差距的贡献最大，其次是迁移投资比值，最后是健康投资比值；2003～2008 年间，教育投资比值对城乡收入差距的贡献最大，其次是健康投资比值，最后是迁移投资比值；2009～2013 年间，迁移投资比值对城乡收入差距的贡献最大，其次是健康投资比值，最后是教育投资比值。

本章小结

基于居民人力资本投资对城乡收入差距的理论分析，分别构建中国城镇居民、农村居民和城乡居民人力资本投资及其结构对城乡收入差距影响的实证模型，运用中国 1997～2013 年的省级面板数据，从全国、区域和时期层面分别实证研究中国居民人力资本投资及其结构对城乡收入差距的影响，得出以下主要结论：

一、中国城镇居民人力资本投资对城乡收入差距的实证分析

从全国层面来看，城镇居民人力资本投资对城乡收入差距具有正向效应，但在统计上不显著。从结构类型来看，健康投资、教育投资和迁移投资均对城乡收入差距具有显著的正向效应。从影响程度来看，教育投资对城乡收入差距的贡献最大；其次是迁移投资；最后是健康投资。

从区域层面来看，中国城镇居民人力资本投资对城乡收入差距的影响存在区域差异。（1）东部地区城镇居民人力资本投资对城乡收入差距具有正向效应，但在统计上不显著。从结构类型来看，健康投资和迁移投资均对城乡收入差距具有显著的正向效应。从影响程度来看，健康投资对城乡收入差距的贡献最大；其次是迁移投资。而教育投资对城乡收入差距具有显著的负向效应。（2）中部地区城镇居民人力资本投资对城乡收入差距具有显著的正向效应。从结构类型来看，健康投资对城乡收入差距具有显著的正向效应，而教育投资和迁

移投资对城乡收入差距具有负向效应，统计结果并不显著。（3）西部地区城镇居民人力资本投资对城乡收入差距具有显著的正向效应。从结构类型来看，健康投资和迁移投资均对城乡收入差距具有显著的正向效应。从影响程度来看，迁移投资对城乡收入差距的贡献最大；随后是健康投资。但是，教育投资对城乡收入差距具有负向效应，但在统计上不显著。

从时期层面来看，中国城镇居民人力资本投资对城乡收入差距的影响存在时期差异。（1）不同时期内城镇居民人力资本投资对城乡收入差距均具有正向效应，且呈现出先扩大再逐渐缩小的趋势，但只有在2003～2008年期间城镇居民人力资本投资对城乡收入差距具有显著影响。（2）不同时期内城镇居民健康投资对城乡收入差距均具有正向效应，且呈现出先缩小再逐渐扩大的趋势，且在1997～2002年和2009～2013年期间城镇居民健康投资对城乡收入差距具有显著影响。（3）不同时期内城镇居民教育投资对城乡收入差距均具有正向效应，且呈现出逐渐缩小的趋势，且在1997～2002年和2003～2008年期间城镇居民健康投资对城乡收入差距具有显著影响。（4）不同时期内城镇居民迁移投资对城乡收入差距均具有正向效应，且呈现出先扩大再缩小的趋势，但是统计结果均不显著。（5）从不同时期人力资本投资结构对城乡收入差距的影响程度来看，在1997～2002年和2003～2008年期间，教育投资对城乡收入差距的贡献最大；在2009～2013年期间，健康投资对城乡收入差距的贡献最大。

二、中国农村居民人力资本投资对城乡收入差距的实证分析

从全国层面来看，农村居民人力资本投资对城乡收入差距具有显著的负向效应，且农村居民人力资本投资每增加1%，全国范围内的城乡收入差距将减少0.058%。从结构类型来看，健康投资对城乡收入差距具有正向效应，而教育投资和迁移投资对城乡收入差距均具有负向效应，但是统计结果均不显著。

从区域层面来看，中国农村居民人力资本投资对城乡收入差距的

影响存在区域差异。(1)东部地区农村居民人力资本投资对城乡收入差距具有显著的负向效应。从结构类型来看,健康投资和教育投资均对城乡收入差距具有负向效应,但健康投资的贡献最大,且在统计上显著;而迁移投资对城乡收入差距具有显著的正向效应。(2)中部地区农村居民人力资本投资对城乡收入差距具有负向效应,但统计结果不显著。从结构类型来看,健康投资、教育投资和迁移投资对城乡收入差距均具有负向效应,其中教育投资对城乡收入差距的负向贡献最大,且在统计上显著。(3)西部地区农村居民人力资本投资对城乡收入差距具有负向效应,但在统计上不显著。从结构类型来看,健康投资、教育投资和迁移投资对城乡收入差距均具有负向效应,同样在统计上不显著。

从时期层面来看,中国农村居民人力资本投资对城乡收入差距的影响存在时期差异。(1)不同时期内农村居民人力资本投资对城乡收入差距均具有负向效应,且呈现出逐渐缩小的趋势,但只有在1997~2002年间农村居民人力资本投资对城乡收入差距具有显著影响。(2)不同时期内农村居民健康投资对城乡收入差距均具有负向效应,且呈现出缓慢缩小的趋势,但是统计结果均不显著。(3)不同时期内农村居民教育投资对城乡收入差距均具有负向效应,且呈现出缓慢扩大而后缓慢缩小的趋势,但是统计结果均不显著。(4)不同时期内农村居民迁移投资对城乡收入差距均具有负向效应,且呈现出先扩大再缩小的趋势,在1997~2002年和2003~2008年间农村居民迁移投资对城乡收入差距具有显著影响。(5)从不同时期人力资本投资结构对城乡收入差距的影响程度来看,迁移投资对城乡收入差距的贡献最大。

三、中国居民人力资本投资对城乡收入差距的实证分析

从全国层面来看,城乡居民人力资本投资比值对城乡收入差距具有显著的正向效应。从结构类型来看,教育投资比值和迁移投资比值均对城乡收入差距具有显著的正向效应。从影响程度来看,迁移投资

比值对城乡收入差距的贡献最大；其次是教育投资比值。

从区域层面来看，中国居民人力资本投资对城乡收入差距的影响存在区域差异。（1）东部地区城乡居民人力资本投资比值对城乡收入差距具有显著的正向效应。从结构类型来看，健康投资比值、教育投资比值和迁移投资比值均对城乡收入差距具有显著的正向效应。从影响程度来看，健康投资比值对城乡收入差距的贡献最大；其次是迁移投资比值；最后是教育投资比值。（2）中部地区城乡居民人力资本投资比值对城乡收入差距具有显著的正向效应。从结构类型来看，教育投资比值对城乡收入差距具有显著的正向效应，且对城乡收入差距的贡献最大。（3）西部地区城乡居民人力资本投资比值对城乡收入差距具有显著的正向效应。从结构类型来看，健康投资比值、教育投资比值和迁移投资比值均对城乡收入差距具有正向效应。从影响程度来看，教育投资比值对城乡收入差距的贡献最大；其次是迁移投资比值；最后是健康投资比值。

从时期层面来看，中国居民人力资本投资对城乡收入差距的影响存在时期差异。（1）不同时期内城乡居民人力资本投资比值均对城乡收入差距具有正向效应，且呈现出先扩大再逐渐缩小的趋势，且在1997~2002年和2003~2008年间城乡居民人力资本投资比值对城乡收入差距具有基本相同的显著影响。（2）不同时期内城乡居民健康投资比值对城乡收入差距具有正向效应，且呈现出逐渐缩小的趋势，但是统计结果均不显著。（3）不同时期内城乡居民教育投资比值对城乡收入差距的影响呈现出先扩大再缩小的趋势，且在1997~2002年和2003~2008年间城乡居民教育投资比值对城乡收入差距具有显著影响。（4）不同时期内城乡居民迁移投资比值对城乡收入差距的影响呈现出先缩小再扩大的趋势，且在1997~2002年间城乡居民教育迁移比值对城乡收入差距具有显著影响。（5）从不同时期人力资本投资结构比值对城乡收入差距的影响程度来看，1997~2002年和2003~2008年间城乡居民教育投资比值对城乡收入差距的贡献最大。

第六章

结论与政策建议

第一节 研究结论

本书在梳理和总结中国居民人力资本投资与城乡收入差距状况的基础上，通过构建居民人力资本投资与城乡收入差距的理论模型，运用中国 1997 ~2013 年省级面板数据考察居民人力资本投资对城乡收入差距的影响效应，形成如下的研究结论：

1. 中国城乡居民人力资本投资呈现稳定持续增长的态势，其中，健康投资增长速度较快，但比重较低，且存在一定的波动性；教育投资增长速度最慢，虽比重较高，但呈现缓慢下降的态势；迁移投资的增长速度最快，且比重保持稳步上升的态势。从区域层面来看，东部地区城乡居民人力资本投资水平较高，但增长速度较慢；其他地区的变化趋势相差不大，且增长速度较快。从收入等级层面来看，城乡居民人力资本投资水平与其收入水平呈现正相关，但其增长速度存在明显的城乡差异，其中，城镇居民人力资本投资的增长速度与其收入水平呈现正相关，而农村居民人力资本投资的增长速度与其收入水平呈现明显的负相关。

中国城乡居民人力资本投资的数值差异呈现不断扩大的趋势，其中，健康投资差异比重最低，且呈现出先上升后下降的趋势；教育投资差异比重最高，但总体基本呈现出下降的趋势；迁移投资差异比重不断上升，且呈现出不断扩大的趋势。从区域层面来看，东部地区差异最大。从收入等级层面来看，城乡居民人力资本投资的数值差异与其收入水平呈现出显著的正相关。

中国城乡居民人力资本投资的比值差异呈现持续波动的变化特征，其中，健康投资的比值差异呈现出先上升后下降的趋势，教育投资的比值差异总体基本呈现出不断上升的趋势，迁移投资的比值差异总体基本呈现出不断下降的趋势。从区域层面来看，西部地区差异最大。从收入等级层面来看，城乡居民人力资本投资的比值差异与其收入水平也呈现出显著的正相关。

2. 中国城乡居民收入水平总体上均呈现出稳定持续增长的态势，且城镇居民收入的增长速度超过了农村居民收入的增长速度。中国城乡居民绝对收入差距呈现出持续扩大的态势。中国城乡居民相对收入差距呈现出波动的趋势，并具有明显的阶段性特征。

从区域差异来看，中国各区域城乡居民收入水平均呈现稳定持续增长的态势，其中，东部地区城乡居民收入水平均高于全国平均水平，但增长速度略低于同期全国平均水平；其他地区城乡居民收入水平相对较低，但增长速度均略高于同期全国平均水平。中国各区域城乡居民绝对收入差距呈现出持续扩大的趋势，其中，东部地区城乡居民绝对收入差距的数值最大，超过全国平均水平；其他地区城乡居民绝对收入差距较小，且低于全国平均水平。中国各区域城乡居民相对收入差距呈现出轻微的先上升后下降的趋势，其中，西部地区城乡居民相对收入差距的数值最大，超过全国平均水平；其他地区城乡居民相对收入差距较小，且低于全国平均水平。

从收入等级差异来看，中国各收入等级城乡居民收入水平均呈现稳定持续增长的态势，且不同收入等级间收入差距比较明显。中国各收入等级城乡居民绝对收入差距呈现出持续扩大的趋势。从收入等级来看，城乡居民绝对收入差距与其收入水平呈现出显著的正相关。中国各收入等级城乡居民相对收入差距呈现出轻微的先上升后下降的趋势，且与其收入水平呈现出显著的负相关。

3. 以引入人力资本的索罗模型（MRW 模型）和依据柯布 – 道格

拉斯生产技术组合生成人力资本函数为基础，构建城乡两部门条件下居民人力资本投资及其结构与城乡收入差距理论模型，研究发现：城镇居民人力资本投资及其结构均与其收入水平呈现正相关，也与城乡居民收入差距呈现正相关；农村居民人力资本投资及其结构均与其收入水平呈现正相关，但与城乡居民收入差距呈现负相关；城乡居民人力资本投资及其结构比值均与城乡居民收入差距呈现正相关。

4. 运用中国1997～2013年的省级面板数据，从全国、区域和时期层面分别实证研究中国居民人力资本投资及其结构对城乡收入差距的影响，具体研究结果如下：

中国城镇居民人力资本投资对城乡收入差距具有正向效应，且教育投资对城乡收入差距的贡献最大，依次是迁移投资和健康投资。从区域层面来看，中部地区和西部地区的人力资本投资均对城乡收入差距具有显著的正向效应；东部地区健康投资、中部地区健康投资和西部地区迁移投资均对城乡收入差距具有显著的正向效应，且其贡献程度最大。从时期层面来看，在2003～2008年间城镇居民人力资本投资对城乡收入差距具有显著的正向效应；在1997～2002年和2003～2008年间教育投资以及在2009～2013年间健康投资也均对城乡收入差距具有显著的正向效应，且对城乡收入差距的贡献最大。

农村居民人力资本投资对城乡收入差距具有显著的负向效应，但其结构类型的影响不显著。从区域层面来看，东部地区农村居民人力资本投资对城乡收入差距具有显著的负向效应；东部地区健康投资和中部地区教育投资均对城乡收入差距具有显著的负向效应，且其贡献程度最大。从时期层面来看，在1997～2002年间农村居民人力资本投资对城乡收入差距具有显著的负向效应；在1997～2002年和2003～2008年间农村居民迁移投资对城乡收入差距也具有显著的负向效应，且对城乡收入差距的贡献最大。

城乡居民人力资本投资比值对城乡收入差距具有显著的正向效应，且迁移投资比值对城乡收入差距的贡献最大，其次是教育投资比值。从区域层面来看，各区域城乡居民人力资本投资比值均对城乡收入差距具有显著的正向效应，且东部地区健康投资比值和中部地区教育投资比值均对城乡收入差距具有显著的正向效应，且其贡献程度最大。从时期层面来看，在1997～2002年和2003～2008年间城乡居民人力资本投资比值对城乡收入差距具有基本相同的显著正向效应；1997～2002年和2003～2008年间城乡居民教育投资比值也均对城乡收入差距具有显著的正向效应，且对城乡收入差距的贡献最大。

第二节　政策建议

基于上述研究结论，针对目前中国城乡居民收入差距较大的现状，基于人力资本投资视角，提出缩小城乡收入差距的政策着眼点主要在于加快农村居民人力资本投资，实现城乡居民人力资本投资水平的趋同。

一、加快农村居民人力资本投资

加大农村居民人力资本投资力度，提高农业劳动生产率和非农生产参与程度，增加收入水平，进而缩小城乡收入差距。具体内容包括：

（一）增加健康投资

健康投资是保证农民就业的基本保障，因此，需要重视农村卫生医疗保健事业，加强农村健康教育宣传、完善农村健康保障制度和发展农村医疗卫生服务体系，增加农民健康投资力度。具体措施包括：

1. 加强农村健康教育宣传。农村健康教育是提高农民素质教育的重要内容。通过开展卫生健康教育宣传活动，提高农民自我卫生保健意识，增强其自我保健能力。

根据《全国健康教育与健康促进工作规划纲要（2005～2010年）》，我国健康教育与健康促进工作的发展是不平衡的，东西部地区、城乡之间存在着较大差异。人群的健康知识水平和健康行为形成率还较低，特别是在贫困、边远农村地区，农民自我保健意识淡薄，存在许多落后的生活习俗，因病致贫、因病返贫的问题比较突出。2001 年全国 6 省农村健康教育现状调查显示：在农村 15 岁以上人群中，环境、饮水、营养、传染病、慢性病预防等 8 项基本卫生知识知晓率仅为 36%。普及基本卫生知识，倡导健康生活方式仍是长期而艰巨的任务。因此，需要广泛开展农村健康教育与健康促进，积极推进“全国亿万农民健康促进行动”，具体措施包括：（1）贯彻执行《中国农村初级卫生保健发展纲要（2001～2010 年）》，县及县以上政府要将农村健康教育与健康促进纳入当地《初级卫生保健发展规划》和《农村卫生发展规划》。（2）建立在政府领导下多部门合作的农村健康教育与健康促进工作机制，落实“全国亿万农民健康促进行动”工作规划。加强国家、省级“行动”示范县区建设，总结推广不同经济发展地区的成功经验。（3）以多种形式和多种渠道为农民送医药、送知识。加强农村流动人口和乡镇企业工人就业前健康教育培训。（4）结合农村生态文明村镇建设，大力普及农村改水、改厕知识和技术，改善农村饮水和环境卫生状况。

2. 完善农村健康保障制度。农村健康保障制度是中国社会保障制度的重要内容。由于长期以来城乡二元结构的存在，农村健康保障存在很大问题。新中国成立以来，农村健康保障制度是以合作医疗制度为重点，这是一种通过集体和个人集资，用以为农村居民提供低费的医疗保健服务的一种互助互济制度。

目前，农民健康保障制度主要是以新型农村合作医疗制度为主，这是一种由政府组织、引导和支持，农民自愿参加，个人、集体和政府多方筹资，以大病统筹为主的农民医疗互助共济制度。其采取个人缴费、集体扶持和政府资助的方式筹集资金，农民按规定缴纳费用。但是由于政府财政支持的相对不足和集体经济力量下降，导致农村合作医疗资金的来源主要来自于农民本身，但是一些贫困地区的农民由于经济收入水平和对合作医疗的认知程度不高，使其缺乏缴费能力或自身不愿参与其中，导致农民无法参保，进而导致农民健康投资水平下降，难以应付重大疾病风险。对此，国家政府有关部门也出台了一系列政策来不断提高新型合作医疗对农民的补助标准，并探索建立与经济社会发展水平、各方承受能力相适应的稳定可持续筹资机制。

2002 年 10 月，《中共中央、国务院关于进一步加强农村卫生工作的决定》明确指出：（1）逐步建立新型农村合作医疗制度。各级政府要积极组织引导农民建立以大病统筹为主的新型农村合作医疗制度，重点解决农民因患传染病、地方病等大病而出现的因病致贫、返贫问题。农村合作医疗制度应与当地经济社会发展水平、农民经济承受能力和医疗费用需要相适应，坚持自愿原则，反对强迫命令，实行农民个人缴费、集体扶持和政府资助相结合的筹资机制。农民为参加合作医疗、抵御疾病风险而履行缴费义务不能视为增加农民负担。有条件的地方要为参加合作医疗的农民每年进行一次常规性体检。要建立有效的农民合作医疗管理体制和社会监督机制。各地要先行试点，取得经验，逐步推广。到 2010 年，新型农村合作医疗制度要基本覆盖农村居民。经济发达的农村可以鼓励农民参加商业医疗保险。（2）对农村贫困家庭实行医疗救助。医疗救助对象主要是农村五保户和贫困农民家庭。医疗救助形式可以是对救助对象患大病给予一定的医疗费用补助，也可以是资助其参加当地合作医疗。医疗救助资金通过政府投入和社会各界自愿捐助等多渠道筹集。要建立独立的医疗救助基金，实行个人申请、村民代表会议评议，民政部门审核批准，医疗机构提供服务的管理体制。（3）政府对农村合作医疗和医疗救助给予支持。省级人民政府负责制定农村合作医疗和医疗救助补助资金统筹管理办法。省、市（地）、县级财政都要根据实际需要和财力情况安排资金，对农村贫困家庭给予医疗救助资金支持，对实施合作医疗按实际参加人数和补助定额给予资助。中央财政通过专项转移支付对贫困地区农民贫困家庭医疗救助给予适当支持。从 2003 年起，中央财政对中西部地区除市区以外的参加新型合作医疗的农民每年按人均 10 元安排合作医疗补助资金，地方财政对参加新型合作医疗的农民补助每年不低于人均 10 元，具体补助标准由省级人民政府确定。

2009 年 3 月，中共中央国务院下发《关于深化医药卫生体制改革的意见》，确立新型农村合作医疗制度为农村基本医疗保障制度的地位，与城镇职工基本医疗保险、城镇居民基本医疗保险和城乡医疗救助共同组成基本医疗保障体系。

2011 年 4 月，卫生部、民政部和财政部下发《关于做好 2011 年新型农村合作医疗有关工作的通知》，提出要提高筹资水平和增加财政补助。从 2011 年起，各级财政对新农合的补助标准从每人每年 120 元提高到每人每年 200 元。其中，原有 120 元中央财政继续按照原有补助标准给予补助，新增 80 元中央财政对西部地区补助 80%，对中部地区补助 60%，对东部地区（含京津沪）按一定比例补助。确有困难的个别地区，地方财政负担的补助增加部分可分两年到位。原则上农民个人缴费提高到每人每年 50 元，困难地区可以分两年到位。将农村重度残疾人的个人参合费用纳入农村医疗救助资助范围。做好宣传引导工作，确保财政补助和农民个人缴费提高后，参合率继续保持在 90% 以上。有条件的地区应当结合当地实际，加大筹资力度，让群众更多受益。

2017 年 4 月，国家卫生计生委下发《关于做好 2017 年新型农村合作医疗工作的通知》，提出：2017 年，各级财政对新农合的人均补助标准在 2016 年的基础上提高 30 元，达到 450 元，其中，中央财政对新增部分按照西部地区 80%、中部地区 60% 的比例进行补助，对东部地区各省份分别按一定比例补助。农民个人缴费标准在 2016 年的基础上提高 30 元，原则上全国平均达到 180 元左右。

3. 发展农村医疗卫生服务体系。农村医疗服务体系是国家根据农村医疗卫生实际情况，依法制定的有关疾病的预防、治疗等保护农民生命和权利不受侵犯的各项政策的总和，具体包括医疗设施、医护人才、医保资金、疫病控制、妇幼保健和卫生监督等方面。长期以来，政府有关部门对农村医疗卫生投入相对不足，农村医疗服务机构设置不规范、医疗卫生人员业务素质和医疗水平较差，造成农村医疗卫生服务缺失，直接影响农民的身体健康。因此，需要加强政府部门职责，将农户健康投资作为一种“社会福利事业”，完善和发展农村医疗卫生服务体系，增加对农村健康投资的力度，提高农民健康水平，为其城镇非农就业转移和市民化提供基本条件。为此，政府部门也出台了一系列文件和措施。

2009 年 3 月，中共中央国务院下发《关于深化医药卫生体制改革的意见》，提出要大力发展农村医疗卫生服务体系，具体措施包括：进一步健全以县级医院为龙头、乡镇卫生院和村卫生室为基础的农村医疗卫生服务网络。县级医院作为县域内的医疗卫生中心，主要负责基本医疗服务及危重急症病人的抢救，并承担对乡镇卫生院、村卫生室的业务技术指导和卫生人员的进修培训；乡镇卫生院负责提供公共卫生服务和常见病、多发病的诊疗等综合服务，并承担对村卫生室的业务管理和技术指导；村卫生室承担行政村的公共卫生服务及一般疾病的诊治等工作。有条件的农村实行乡村一体化管理。积极推进农村医疗卫生基础设施和能力建设，政府重点办好县级医院，并在每个乡镇办好一所卫生院，采取多种形式支持村卫生室建设，使每个行政村都有一所村卫生室，大力改善农村医疗卫生条件，提高服务质量。

2014 年 6 月，卫生计生委、发展改革委、教育部、财政部和中医药局共同下发《关于印发“村卫生室管理办法（试行）”的通知》明确指出：村卫生室是农村公共服务体系的重要组成部分，是农村医疗卫生服务体系的基础；村卫生室设备配置要按照满足农村居民基本医疗卫生服务需求的原则；根据辖区服务人口、农村居民医疗卫生服务现状和预期需求以及地理条件等因素，原则上按照每千服务人口不低于 1 名的比例配备村卫生室人员；村卫生室在许可的执业范围内，使用适宜技术、适宜设备和按规定配备使用的基本药物为农村居民提供基本医疗卫生服务，不得超范围执业。

2015 年 3 月，国务院办公厅下发《关于进一步加强乡村医生队伍建设的实施意见》，提出乡村医生是我国医疗卫生服务队伍的重要组成部分，是最贴近亿万农村居民的健康“守护人”，是发展农村医疗卫生事业、保障农村居民健康的重要力量。近年来特别是新一轮医药卫生体制改革实施以来，乡村医生整体素质稳步提高，服务条件显著改善，农村居民基本医疗卫生服务的公平性、可及性不断提升。但也要看到，乡村医生队伍仍是农村医疗卫生服务体系的薄弱环节，难以适应农村居民日益增长的医疗卫生服务需求。按照深化医药卫生体制改革的总体要求，为进一步加强乡村医生队伍建设，切实筑牢农村医疗卫生服务网底。具体措施包括：明确乡村医生功能任务、加强乡村医生管理、优化乡村医生学历结构、提高乡村医生岗位吸引力、转变乡村医生服务模式、保障乡村医生合理收入、建立健全乡村医生养老和退出政策和改善乡村医生工作条件和执业环境等。

（二）加强教育投资

教育投资作为影响农民收入增长和城乡收入差距的关键变量，需要从基础教育、职业教育和远程教育等三方面加强对农民的教育投资力度。具体措施包括：

1. 注重基础教育投资。农村基础教育是中国基础教育的重要组成部分，其成败直接关系农民收入水平和农村经济发展。随着国家政府对农村基础教育的极大重视和资金、人才等方面的各项投入，农村基础教育取得了巨大成果，但是与城市基础教育仍然存在较大的偏差。同时，由于农民收入水平较低，其用于自身教育投资的比重也较低，因而需要加强其他方面的投入。因此，如何改变现有农村基础教育的现状，需要改变现有的城市偏向型教育经费投入格局，注重增加农村教育经费投入，提高农村基础教育质量，并构建政府主导型的多元化教育体系，即在国家财政资金有限的情况下，逐步增加对农村基础教育的投资力度，形成政府教育投资为主，家庭、社会、企业等多方面筹资作为补充的投资结构，以保证农村基础教育的开展。

农村义务教育在全面建设小康社会、构建社会主义和谐社会中具有基础性、先导性和全局性的重要作用。党中央、国务院历来高度重视农村义务教育事业发展，特别是农村税费改革以来，先后发布了《国务院关于基础教育改革与发展的决定》《国务院关于进一步加强农村教育工作的决定》等一系列重要文件，确立了“在国务院领导下，由地方政府负责，分级管理，以县为主”的农村义务教育管理体制，逐步将农村义务教育纳入公共财政保障范围。为此，2005 年 12 月，国务院下发《关于深化农村义务教育经费保障机制改革的通知》，提出深化农村义务教育经费保障机制改革的主要内容：（1）全部免除农村义务教育阶段学生学杂费，对贫困家庭学生免费提供教科书并补助寄宿生生活费。免学杂费资金由中央和地方按比例分担，西部地区为8∶2，中部地区为6∶4；东部地区除直辖市外，按照财力状况分省确定。免费提供教科书资金，中西部地区由中央全额承担，东部地区由地方自行承担。补助寄宿生生活费资金由地方承担，补助对象、标准及方式由地方人民政府确定。（2）提高农村义务教育阶段中小学公用经费保障水平。在免除学杂费的同时，先落实各省（区、市）制订的本省（区、市）农村中小学预算内生均公用经费拨款标准，所需资金由中央和地方按照免学杂费资金的分担比例共同承担。在此基础上，为促进农村义务教育均衡发展，由中央适时制定全国农村义务教育阶段中小学公用经费基准定额，所需资金仍由中央和地方按上述比例共同承担。中央适时对基准定额进行调整。（3）建立农村义务教育阶段中小学校舍维修改造长效机制。对中西部地区，中央根据农村义务教育阶段中小学在校生人数和校舍生均面积、使用年限、单位造价等因素，分省（区、市）测定每年校舍维修改造所需资金，由中央和地方按照5∶5比例共同承担。对东部地区，农村义务教育阶段中小学校舍维修改造所需资金主要由地方自行承担，中央根据其财力状况以及校舍维修改造成效等情况，给予适当奖励。（4）巩固和完善农村中小学教师工资保障机制。中央继续按照现行体制，对中西部及东部部分地区农村中小学教师工资经费给予支持。省级人民政府要加大对本行政区域内财力薄弱地区的转移支付力度，确保农村中小学教师工资按照国家标准按时足额发放。

2017年1月，国务院下发《关于印发国家教育事业发展“十三五”规划的通知》，明确要求：（1）加强农村学校布局规划。在交通便利、公共服务成型的农村地区合理布局义务教育学校。针对地广人稀地区、山区、海岛等特殊困难地区人民群众就学需求，合理布局并办好一批寄宿制学校、边境地区学校，保留并办好必要的小规模学校和教学点，努力保障学生就近入学、接受有质量的教育。（2）巩固提高义务教育普及水平。着力提升辍学现象比较集中的农村、边远、贫困和民族地区教育质量。建立义务教育巩固率监测系统，全面落实控辍保学责任制，建立行政督促复学机制，推动政府、学校、家庭、福利机构、共青团组织和社区联保联控。建立帮扶学习困难学生的责任制度，因地制宜促进农村初中普职教育融合，提供多种成长通道，妥善解决农村学生上学远和寄宿生家校往返交通问题。

2. 发展职业教育投资。认真整合农村各类教育资源，形成基础教育和职业教育并行的农村教育体系，注重发展农村职业教育，逐步扩大农村职业高中的数量和规模，促进农村职业教育稳步有序发展，以满足农民对教育投资的需求。农村劳动力经过义务教育后所具备的知识在生产过程中并不实用，真正能发挥作用的还是通过职业教育所获得的劳动技能。因此，需要充分发挥农村职业教育可以提高农村劳动力的专业技能和非专业技能的特点，通过不断加强农村职业教育投入，以提升农村劳动力的就业素质和能力，增强他们在劳动力市场中的可雇用性。长期以来，由于农村教育发展滞后于经济发展，城乡教育差距不断扩大，对农村职业教育的发展缺乏足够的重视，导致现行农村职业教育的发展并没有有效地带动农民就业技能的提高，以真正提升其就业竞争力。现有农村职业教育的办学模式、课程设置、教学内容、教学方式落后于劳动力市场对人才需求的变化，教师对实际生产服务的经营管理、劳动组织、技术工艺不够了解，专业技能和实践教学能力薄弱。由于农村职业教育与劳动力市场联系不够密切，致使在劳动力市场缺乏高素质技术工人的同时，职业技术学校却面临招生难的问题。经费不足、条件不足、师资不足是目前农村职业教育的关键问题所在。此外，中国目前农村职业教育的师资力量相对比较薄弱，难以有效满足农村劳动力的培训需求，而城镇中职业学校、培训机构等大量闲置，不能提供培训的有效供给。因此，应该鼓励实行城乡联合办学方式，把城镇中的职业学校、培训机构往农村转移，在农村开展各种各样的技能培训，实现农村劳动力就近培训，增加其教育投资力度。

3. 发展远程教育。要积极发展以推动农村劳动力转移为内容的各种形式的远程教育。实践证明，这种教育方式是一种“多快好省”的覆盖面积最大、时空利用最充分、经济有效的办学手段。原因在于：远程教育具有开放性的特点，它可以形成中心城市为依托，应用卫星、电视、广播、录像、计算机网络等现代技术实施远程教学，使学习课程或实用技术可以跨越时空，农村劳动力可以根据自己的特点、条件和职业需要选择专业和课程；远程教育具有灵活性、多样性的特点，它在管理体制、办学形式、专业设置、学习时间和学习方式上不受时间的限制和条件的影响，可以满足农村劳动力学习掌握各类知识和职业技术的需求，能培养多层次、多种类的农村劳动力；远程教育具有高效性的特点，它可以利用各类型的现代远程开放教育网络的优势，将新的科学技术和信息在短时间内传递到农村千家万户中，降低农村教育和培训的成本，增加受教育和培训的农村劳动力的人数，是一种省钱、省物、省人、省时间的图文并茂、形象直观、感染力强的教育和培训方法。因此，发展农村职业教育应该积极发展远程教育资源，充分利用各种广播电视、录音录像、影碟和计算机网络等网络媒体，将高质量培训送到农村、城乡企业和农民家庭，构筑远程教学和管理的专业平台，大力推进培训机构的信息化建设，组织落实适应新农村建设和城乡统筹发展的远程教育应用项目。

（三）保障迁移投资

注重引导和规范农民向城镇合理流动和有序迁移，深化户籍制度改革、加强城乡劳动力就业市场建设和消除就业歧视，以消除城乡居民流动的障碍，保障农村居民迁移投资水平。具体措施包括：

1. 深化户籍制度改革。针对现有城乡分割的户籍制度现状，通过深化户籍制度改革，打破城乡分离，实现自由迁移，使户籍制度由限制农民流动转变到符合市场经济发展需要的对农民的动态信息的把握、为政府和社会服务上来，为促进农民市民化消除制度性障碍。

中国现行的城乡二元户籍制度是在短缺经济和计划经济体制下建立的“控制性”户籍管理模式，它不仅对人口的迁移设置了严格的体制限制，同时也在户籍制度中附加了一系列的特殊功能。中国的户籍制度把城乡差别制度化，扭曲了劳动力市场价格，从而产生了劳动力歧视价格，加剧了中国城乡分割的二元结构。因而，现行的城乡二元户籍制度是造成进城农民始终游离在城镇和农村的边缘，得不到基本的身份认同，难以取得城镇居民相应的“国民”待遇的根源，也是影响农民市民化最直接、最主要的制度障碍。所以，要从根本制度上促进农民市民化，必须突破现行二元户籍制度障碍，进行制度创新。户籍制度改革、创新的根本目的是打破城乡分离，促进社会公平、公正，实现自由迁移，使户籍制度由限制人口和劳动力流动转变到符合市场经济发展需要的对人口和劳动力的动态信息的把握、为政府和社会提供服务上来，为促进农民市民化消除制度性障碍。

中国实行严格控制城市规模的户籍制度导致了严重的城乡分割，极大地阻碍了劳动力自由流动和城镇化进程，而户籍制度改革会使劳动力流动呈现新的特点。中国户籍制度改革率先从小城镇启动，随着小城镇户籍制度改革的逐步推进，小城镇的户籍已基本放开，但由于其含金量较低，对潜在劳动力的吸引程度有限；而大城市户籍身份所拥有的福利水平较高，户口含金量较大，虽然采取严格控制户籍门槛的政策措施，仍然吸引大量外来劳动力的进入。对于农民和小城镇居民而言，实现户口向大城市的迁移可以享受更多的社会福利水平，因而具有较强的迁移动力。同时，一些大城市也开始逐步放宽外地居民的准入门槛和落户条件。2000 年以来，大城市户籍制度改革方式主要分为两大方面：一是统一居民户口改革，即取消“农业户口”和“非农业户口”的区别，按照常住居住地登记户口的原则，统一登记为居民户口；二是降低落户门槛，包括“三投靠”、人才引进、资金引进、买房落户或有固定收入的落户政策等四类内容，即通过放宽外来人口的落户条件，使其与家庭、技术职称、投资额、商品房购买和收入水平等条件结合起来，一方面有利于打破城乡分割体制，取消对农村劳动力进入城镇就业的不合理限制，引导剩余农村劳动力在城乡、地区间的流动，另一方面有利于促进劳动力从小城镇向大城市流动，形成城乡和城市间人口有序流动的机制，为劳动力创造自由流动的良好就业环境。但是，大城市户籍制度改革进程依然缓慢，所实行的人口准入制度人为地造成了城市劳动力市场的二元分割，对非户籍人口的流动就业和权益保障实行强行干预，使得户籍人口和流动人口在就业与福利保障存在较大差异，这种非市场化的劳动力配置机制不利于劳动力资源在区域间的自由流动和合理配置。

因此，结合中国当前新型城镇化进程和农村劳动力流动的实际情况，提出今后制定户籍制度改革措施的政策建议：（1）建立城乡统一的户口登记制度。在现行户籍管理制度下，中国公民分为城市居民阶层和农村居民阶层，即城市人口和农村人口，两者在城市就业、居住、教育、社会保障、福利待遇等多方面存在巨大差异，并且阻碍了农村人口向城镇流动。因此，取消农业户口与非农业户口性质区分和由此衍生的蓝印户口等户口类型，统一登记为居民户口，体现户籍制度的人口登记管理功能。同时，建立居住证制度，让居住证持有人享有与当地户籍人口同等的劳动就业、基本公共教育、基本医疗卫生服务、计划生育服务、公共文化服务、证照办理服务等权利。通过实行统一居民户口制度，全面取消公民身份特征，全面实行流动人口居住证制度，逐步推进居住证持有人享有与居住地居民相同的基本公共服务，才能实现城乡劳动力资源合理配置，促进农村劳动力向城市转移流动，缓和城乡二元经济结构对经济和社会发展的负面作用。（2）继续降低城市落户门槛。充分发挥降低落户门槛对城市劳动力流入的重要促进作用，尤其是买房落户或有固定收入的落户政策，同时逐步放松其他落户门槛的限制。在具体实施过程中，应该充分考虑到各城市自身特性，按省、市、自治区行政区划逐步渐进式地推行，逐步放宽大城市的落户条件，在特大城市落户方面建立完善积分落户制度。

2. 加强城乡劳动力就业市场建设。劳动力市场的基本职能就是为劳动者提供就业信息和职业培训，帮助劳动者找到适合自己的工作岗位。农民进城后由于缺乏基本的非农技能，难以在劳动力市场上找到合适的工作，即使是有找到工作的，也是属于较低层次的简单体力劳动工作，难以维持长久。因此，这就需要政府和相关部门加强劳动力市场的建设和完善，坚持市场为导向的就业机制，从长远来保障进城农民的就业。同时，还要建立完善城乡统一的劳动力就业市场，消除劳动力自由流动的障碍，积极引导进城农民就业，提高劳动力资源的配置效率。

首先，应该加快城市部门劳动就业制度的改革，提高城市劳动力市场的发育程度，实现用人单位与劳动者的双向选择，这是破除城乡劳动力市场分割的必然要求。同时，积极采取措施消除城市劳动力市场的二元化现象，引导人力资源的优化组合，增强劳动力市场的竞争程度。

其次，要积极发展各种劳动力市场的中介机构和组织，提供及时有效的信息，增强市场透明度，降低供需双方的交易成本，积极引导农村劳动力合理流动。在劳动力需求市场上建立劳动力职业介绍所等中介机构和组织，使得用人单位可以到这类中介机构和组织登记；同时，在劳动力供给市场上建立劳动力输出组织等中介机构和组织，提高劳动力输出的组织化程度，并可对劳动力进行适当培训。还可以通过区域合作等方式沟通本地劳动力市场与外地劳动力市场之间的联系，相互输送所需要的劳动力，实现劳动力的最优配置。

最后，要加强劳动力市场的法规建设，强化对劳动力市场的管理和监督，确保劳动力市场发展的有序性，使劳动力市场的运行法制化、规范化，从而能够切实保障进城农民的合法权益。

3. 消除就业歧视。在农民的非农就业过程中受到许许多多的就业歧视，这其中包括有政府、市场和城镇职工等多方面，从一定程度上严重地影响了农民在城镇的就业。因此有必要采取措施来消除各种就业歧视，维护农民在城镇就业的权益。

首先，消除行业歧视。一般来说，农民进城后主要是进入一些劳动强度较高、社会地位较低的行业，而这些行业往往又是“城里人”所不屑顾及的，因而就造成了城镇对农民的行业歧视，这也在一定程度上限制了农民的就业行业。针对这种状况，就需要彻底清除这种不健康的行业歧视。其中最主要的是，农民自己要提高自身素质来提高就业的行业水平，即使就业行业层次较低，也要摈弃“脏活、累活、伺候人的活不愿干”的思想，树立职业平等和劳动光荣的观念，干好本职工作。

其次，消除待遇歧视。虽然户籍制度的改革取得了一定的成效，但是仍然对农民进城工作存在很大的障碍，因此需要从思想上彻底清除户籍所带来的种种就业障碍，从理念上彻底摆脱传统的户籍制度背后的各种思维定势。农民进城后的“农转非”关键不是转户口，而是消除待遇歧视，使进城的农民不是成为名义上的“市民”，而是实际上的真正的“市民”。对进城工作的农民还应该建立一系列相关的社会保障制度和措施，使他们可以自由流动进城来寻求职业，使他们能够真正享受城镇化所带来的利益。同时，不应该把“农转非”看作是户籍改革的终结，而是把它看作是保障农民权益的开始。

最后，消除用人单位歧视。现在普遍存在用人单位歧视农民现象，表现在他们劳动时间、收入报酬、保险福利等方面。因此，政府应当制定相关措施，譬如“同工同酬”等，从而切实保障农民的权益。同时，还应该通过大众媒体，在全社会加强择业观念的教育，消除各种就业歧视。

二、城乡居民人力资本投资均等化

（一）健康投资均等化

整合城镇居民基本医疗保险和新型农村合作医疗两项制度，建立统一的城乡居民基本医疗保险制度（简称“城乡居民医保制度”），是推进医药卫生体制改革、实现城乡居民公平享有基本医疗保险权益、促进社会公平正义、增进人民福祉的重大举措，对促进城乡经济社会协调发展、全面建成小康社会具有重要意义。为此，2016 年 1 月，国务院下发《关于整合城乡居民基本医疗保险制度的意见》，提出：(1)“六统一”的政策整合要求：一要统一覆盖范围。城乡居民医保覆盖除城镇就业人口以外的其他城乡居民。允许参加职工医保有困难的农民工和灵活就业人员选择参加城乡居民医保。二要统一筹资政策。坚持多渠道筹资，合理确定城乡统一的筹资标准，完善筹资动态调整机制，改善筹资分担结构。城镇居民医保和新农合个人缴费标准差距较大地区可采取差别缴费的办法逐步过渡。逐步建立个人缴费标准与城乡居民人均可支配收入相衔接的机制。三要统一保障待遇。逐步统一保障范围和支付标准，政策范围内住院费用支付比例保持在

75%左右，逐步提高门诊保障水平。妥善处理整合前后特殊保障政策的衔接，逐步缩小政策范围内支付比例与实际支付比例间的差距。四要统一医保目录。各省根据国家有关规定，遵循临床必需、安全有效、价格合理、技术适宜、基金可承受的原则，在现有城镇居民医保和新农合目录的基础上，适当考虑参保人员需求变化，制定统一的医保药品和医疗服务项目目录。五要统一定点管理。统一定点机构管理办法，强化定点服务协议管理，健全考评机制，实行动态准入退出。对社会办医采取一视同仁的政策。六要统一基金管理。执行统一的基金财务制度、会计制度和基金预决算管理制度，强化内控管理、外部监督制度，推进付费总额控制，健全基金运行风险预警机制，合理控制基金结余，防范基金风险，提高使用效率。（2）理顺管理体制要求：一是整合经办机构。鼓励有条件的地区理顺管理体制，统一行政管理职能。充分利用现有经办资源，对经办机构、人员、信息系统等各类经办力量进行整合，规范经办服务流程，补足经办服务短板，提供城乡一体化经办服务。二是创新经办管理。通过完善管理运行机制、提升服务手段、改进管理办法，进一步提升管理效率和服务水平。同时，鼓励有条件的地区创新经办服务模式，在确保基金安全和有效监管的前提下，以政府购买服务的方式委托商业保险机构等社会力量参与基本医保经办服务。（3）提升服务效能的要求：一是提高统筹层次。原则上实行市（地）级统筹，鼓励有条件的地区实行省级统筹。要根据地区经济发展水平和医疗服务水平加强基金分级管理，充分调动县级政府、经办管理机构基金管理的积极性和主动性。二是整合完善信息系统，为城乡居民医保制度运行和功能拓展提供支撑，推进信息交换与数据共享，强化信息安全与隐私保护。三是完善付费方式。系统推进按人头付费、按病种付费、按床日付费、总额预付等多种付费方式相结合的复合支付方式改革，推动形成合理的医保支付标准，引导医疗机构规范服务，推进分级诊疗制度建设，引导建立合理有序的就医秩序。四是加强医疗服务监管。完善定点医疗机构协议管理，强化对医疗服务的监控。充分利用信息化手段，推进医保智能审核和实时监控，加强医疗服务监管，规范医疗服务行为。

（二）教育投资均等化

自 2006 年实施农村义务教育经费保障机制改革以来，义务教育逐步纳入公共财政保障范围，城乡免费义务教育全面实现，稳定增长的经费保障机制基本建立，九年义务教育全面普及，县域内义务教育均衡发展水平不断提高。但随着我国新型城镇化建设和户籍制度改革不断推进，学生流动性加大，城乡义务教育经费保障机制有关政策不统一、经费可携带性不强、资源配置不够均衡、综合改革有待深化等问题。因此，在整合农村义务教育经费保障机制和城市义务教育奖补政策的基础上，建立城乡统一、重在农村的义务教育经费保障机制，有利于推动省级政府统筹教育改革，优化教育布局，实现城乡义务教育在更高层次的均衡发展，促进教育公平、提高教育质量；有利于深化财税体制改革，推动实现财政转移支付同农业转移人口市民化挂钩，促进劳动力合理流动，推动经济结构调整和产业转型升级；有利于促进基本公共服务均等化，构建社会主义和谐社会，建设人力资源强国。为此，2015 年 11 月，国务院下发《关于进一步完善城乡义务教育经费保障机制的通知》，提出整合农村义务教育经费保障机制和城市义务教育奖补政策，建立统一的中央和地方分项目、按比例分担的城乡义务教育经费保障机制。具体内容包括：（1）统一城乡义务教育“两免一补”政策。对城乡义务教育学生免除学杂费、免费提供教科书，对家庭经济困难寄宿生补助生活费（统称“两免一补”）。民办学校学生免除学杂费标准按照中央确定的生均公用经费基准定额执行。免费教科书资金，国家规定课程由中央全额承担（含出版发行少数民族文字教材亏损补贴），地方课程由地方承担。家庭经济困难寄宿生生活费补助资金由中央和地方按照 5∶5 比例分担，贫困面由各省（区、市）重新确认并报财政部、教育部核定。（2）统一城乡义务教育学校生均公用经费基准定额。中央统一确定全国义务教育学校生均公用经费基准定额。对城乡义务教育学校（含民办学校）按照不低于基准定额的标准补助公用经费，并适当提高寄宿制学校、规模较小学校和北方取暖地区学校补助水平。落实生均公用经费基准定额所需资金由中央和地方按比例分担，西部地区及中部地区比照实施西部大开发政策的县（市、区）为8∶2，中部其他地区为6∶4，东部地区为5∶5。提高寄宿制学校、规模较小学校和北方取暖地区学校公用经费补助水平所需资金，按照生均公用经费基准定额分担比例执行。现有公用经费补助标准高于基准定额的，要确保水平不降低，同时鼓励各地结合实际提高公用经费补助标准。中央适时对基准定额进行调整。（3）巩固完善农村地区义务教育学校校舍安全保障长效机制。支持农村地区公办义务教育学校维修改造、抗震加固、改扩建校舍及其附属设施。中西部农村地区公办义务教育学校校舍安全保障机制所需资金由中央和地方按照5∶5比例分担；对东部农村地区，中央继续采取“以奖代补”方式，给予适当奖励。城市地区公办义务教育学校校舍安全保障长效机制由地方建立，所需经费由地方承担。（4）巩固落实城乡义务教育教师工资政策。中央继续对中西部地区及东部部分地区义务教育教师工资经费给予支持，省级人民政府加大对本行政区域内财力薄弱地区的转移支付力度。县级人民政府确保县域内义务教育教师工资按时足额发放，教育部门在分配绩效工资时，要加大对艰苦边远贫困地区和薄弱学校的倾斜力度。统一城乡义务教育经费保障机制，实现“两免一补”和生均公用经费基准定额资金随学生流动可携带。同时，国家继续实施农村义务教育薄弱学校改造计划等相关项目，着力解决农村义务教育发展中存在的突出问题和薄弱环节。

义务教育是国家必须保障的公益性事业和必须优先发展的基本公共事业。当前，中国已进入全面建成小康社会的决胜阶段，正处于新型城镇化深入发展的关键时期，这对整体提升义务教育办学条件和教育质量提出了新要求。同时，户籍制度改革、计划生育政策调整、人口及学生流动给城乡义务教育学校规划布局和城镇学位供给带来了巨大挑战。在许多地方，城乡二元结构矛盾仍然突出，乡村优质教育资源紧缺，教育质量亟待提高；城镇教育资源配置不适应新型城镇化发展，大班额问题严重。为落实全面建成小康社会要求，促进义务教育事业持续健康发展。为此，2016 年 7 月，国务院下发《关于统筹推进县域内城乡义务教育一体化改革发展的若干意见》，提出：加快推进县域内城乡义务教育学校建设标准统一、教师编制标准统一、生均公用经费基准定额统一、基本装备配置标准统一和“两免一补”政策城乡全覆盖，到2020年，城乡二元结构壁垒基本消除，义务教育与城镇化发展基本协调；城乡学校布局更加合理，大班额基本消除，乡村完全小学、初中或九年一贯制学校、寄宿制学校标准化建设取得显著进展，乡村小规模学校（含教学点）达到相应要求；城乡师资配置基本均衡，乡村教师待遇稳步提高、岗位吸引力大幅增强，乡村教育质量明显提升，教育脱贫任务全面完成。义务教育普及水平进一步巩固提高，九年义务教育巩固率达到95%。县域义务教育均衡发展和城乡基本公共教育服务均等化基本实现。具体措施包括：一是同步建设城镇学校，要按照城镇化规划和常住人口规模编制城镇义务教育学校布局规划，确保城镇学校建设用地和足够的学位供给；二是努力办好乡村教育，合理布局学校，采取多种措施补齐乡村教育短板；三是科学推进城乡义务教育公办学校标准化建设，改善基本办学条件，提升乡村学校信息化水平和寄宿制学校管理服务水平；四是实施消除大班额计划，到2018年基本消除66人以上超大班额，到2020年基本消除56人以上大班额；五是统筹城乡师资配置，合理核定义务教育学校教职工编制，实行教职工编制城乡、区域统筹和动态管理，完善教师招聘机制，着力解决乡村教师结构性缺员和城镇师资不足问题；六是改革乡村教师待遇保障机制，实行乡村教师收入分配倾斜政策，落实并完善集中连片特困地区和边远艰苦地区乡村教师生活补助政策，确保县域内义务教育教师平均工资收入水平不低于当地公务员的平均工资收入水平；七是改革教育治理体系，提高政府教育治理能力，完善乡村小规模学校办学机制和管理办法，全面加强思想政治教育，逐步形成中国特色的现代学校制度；八是改革控辍保学机制，建立目标责任制和联控联保机制，落实辍学学生劝返、登记和书面报告制度，加大对学习困难学生的帮扶力度，完善资助政策，防止因上学不便而辍学；九是改革随迁子女就学机制，建立以居住证为主要依据的入学政策，推动“两免一补”资金和生均公用经费基准定额资金随学生流动可携带；十是加强留守儿童关爱保护，健全工作体系，促进健康成长。

为加强城乡义务教育补助经费管理，提高经费使用效益，2016年11月，财政部和教育部共同下发《关于印发〈城乡义务教育补助经费管理办法〉的通知》，落实城乡义务教育经费保障机制。主要包括：（1）对城乡义务教育学生（含民办学校学生）免除学杂费、免费提供教科书，对家庭经济困难寄宿生补助生活费。民办学校学生免除学杂费标准按照中央确定的生均公用经费基准定额标准执行。免费提供国家规定课程教科书和免费为小学一年级新生提供正版学生字典所需资金，由中央财政全额承担。家庭经济困难寄宿生生活费补助资金由中央与地方按规定比例分担。（2）对城乡义务教育学校（含民办学校）按照不低于生均公用经费基准定额的标准补助公用经费，并适当提高寄宿制学校、规模较小学校、北方取暖地区学校、特殊教育学校和随班就读残疾学生的公用经费补助水平。公用经费补助资金由中央与地方按规定比例分担。城乡义务教育生均公用经费基准定额由中央统一确定。（3）巩固完善农村义务教育学校校舍安全保障长效机制，支持公办学校维修改造、抗震加固、改扩建校舍及其附属设施。中西部地区所需资金由中央与地方按规定比例分担；中央财政对东部地区采取“以奖代补”方式给予适当奖补。（4）对地方落实集中连片特困地区乡村教师生活补助等政策给予综合奖补，地方可统筹用于城乡义务教育经费保障机制相关支出。

（三）迁移投资均等化

中国户籍管制的设置将大量的外来人口排斥在城市社会福利和公共服务范围外，使得大量在城镇居住和就业的外来人口因为无法获得城镇户口，而不能与户籍人口享受均等的城市社会福利和公共服务，因而促使人口为了享受更好的公共服务而发生迁移。中国城市与农村的迁移投资力度存在很大差异，既会促使农村人口向城市迁移，也会促使人口从地级市向副省级城市、省会城市或直辖市迁移，或是从中小城市向大城市迁移。因此，需要充分发挥放松户籍管制对城市人口增长的重要促进作用，真正推进人口在区域间的自由迁移。

《国家新型城镇化规划（2014～2020年）》明确提出常住人口城镇化率达到60%左右，户籍人口城镇化率达到45%左右，户籍人口城镇化率与常住人口城镇化率差距缩小2个百分点左右，努力实现1亿左右农业转移人口和其他常住人口在城镇落户。为了推动新型城镇化的进一步发展，2016年12月国务院下发《关于印发国家人口发展规划（2016～2030年）的通知》，明确提出要持续推进人口城镇化，即加快推进以人为核心的城镇化，引导人口流动的合理预期，畅通落户渠道，到2020年实现1亿左右农业转移人口和其他常住人口在城镇落户，全面提高城镇化质量。按照尊重意愿、自主选择、因地制宜、分步推进、存量优先、带动增量的原则，区分超大、特大和大中小城市以及建制镇，实施差别化落户政策，促进有能力在城镇稳定就业和生活的农业转移人口举家进城落户。将具备条件的县和特大镇有序设置为市，增加中小城市数量，优化大中城市市辖区规模和结构，拓展农业转移人口就近城镇化空间。具体措施内容包括：（1）2016～2020年，户籍人口城镇化率年均提高1个百分点以上，年均转户1 300万人以上。（2）进一步拓宽落户通道，除极少数超大城市外，全面放宽农业转移人口落户条件。调整完善超大城市和特大城市落户政策，区分城市的主城区、郊区、新区等区域，分类制定落户政策，重点解决符合条件的普通劳动者落户问题。调整完善大中城市落户政策，大中城市均不得采取购买房屋、投资纳税等方式设置落户限制。（3）制定实施配套政策。加大对农业转移人口市民化的财政支持力度并建立动态调整机制，建立财政性建设资金对吸纳农业转移人口较多城市基础设施投资的补助机制，建立城镇建设用地增加规模与吸纳农业转移人口落户数量挂钩机制。顺应农民保留土地承包权、流转土地经营权的意愿，实行所有权、承包权、经营权分置并行，探索建立进城落户农民土地承包权、宅基地使用权、集体收益分配权维护和自愿有偿退出机制。完善城镇基本公共服务政策，确保城市新老居民同城同待遇。

参考文献

[1] 白素霞:《缩小城乡居民收入差距:基于系统动力学视角》,经济科学出版社2015年版。

[2] 陈建东:《我国居民收入差距的现状、趋势及其对策研究》,经济科学出版社2014年版。

[3] 胡晶晶:《改革开放以来中国城乡居民收入差距研究》,人民出版社2013年版。

[4] 霍丽:《城乡二元经济差异的人力资本研究》,中国经济出版社2008年版。

[5] 焦斌龙:《人力资本差异与收入分配差距》,商务印书馆2011年版。

[6] 靳卫东:《我国收入差距的成因与演变:基于人力资本视角的分析》,人民出版社2011年版。

[7] 李实、罗楚亮:《中国收入差距的实证分析》,社会科学文献出版社2014年版。

[8] 李实、史泰丽、古斯塔夫森:《中国居民收入分配研究》,北京师范大学出版社2008年版。

[9] 李勋来:《人力资本分布与城乡收入差距》,经济科学出版社2011年版。

[10] 刘健:《城乡居民教育投资与收入关系实证研究:以中国中部地区为例》,社会科学文献出版社2015年版。

[11] 刘利:《解构与平抑:中国城乡居民收入差距问题研究》,东北师范大学出版社2011年版。

[12] 刘永军:《中国居民收入分配差距研究》,经济科学出版社

2009年版。

[13] 马万里：《中国式财政分权、政府教育支出偏向与城乡收入差距：理论及实证》，经济科学出版社2015年版。

[14] 孙永强：《经济转型时期我国城乡居民收入差距问题研究》，中国统计出版社2014年版。

[15] 谭伟：《中国收入差距：增长“奇迹”背后的利益分享》，中国发展出版社2009年版。

[16] 王少国：《城乡收入差距的临界点判定及其对经济效率影响的研究》，经济日报出版社2010年版。

[17] 温娇凤：《教育机会不平等与收入分配差距》，上海财经大学出版社2011年版。

[18] 杨志刚：《人力资本投资与收入差距》，中国社会科学出版社2013年版。

[19] 张藕香：《人力资本不均等与我国地区收入差距》，经济科学出版社2009年版。

[20] 张鑫：《中国城乡居民收入差距及其成因的演化路径研究》，经济管理出版社2011年版。

[21] 赵满华：《中国城乡收入差距研究》，经济管理出版社1997年版。

[22] 郑明亮：《城乡居民收入差距收敛模型及仿真研究：基于效率和公平的视角》，中国社会科学出版社2015年版。

[23] 周云波、覃晏：《中国居民收入分配差距实证分析》，南开大学出版社2008年版。

[24] 朱云章：《我国城乡劳动力流动与收入差距关系研究》，中国农业出版社2012年版。

[25] “完善农村义务教育财政保障机制”课题组：《农村义务教育普及水平对城乡收入差距的影响》，载《教育研究》2005年第9期。

[26] 白雪梅：《教育与收入不平等：中国的经验研究》，载《管理世界》2004年第6期。

[27] 蔡昉、王美艳：《为什么劳动力流动没有缩小城乡收入差

距》，载《经济学动态》2009 年第 8 期。

[28] 蔡昉：《城乡收入差距与制度变革的临界点》，载《中国社会科学》2003 年第 5 期。

[29] 蔡昉：《为什么劳动力流动没有缩小城乡收入差距?》，载《产经评论》2006 年第 6 期。

[30] 蔡武、吴国兵、朱荃：《集聚空间外部性、城乡劳动力流动对收入差距的影响》，载《产业经济研究》2013 年第 2 期。

[31] 曹裕、陈晓红、马跃如：《城市化、城乡收入差距与经济增长——基于我国省级面板数据的实证研究》，载《统计研究》2010 第 3 期。

[32] 钞小静、沈坤荣：《城乡收入差距、劳动力质量与中国经济增长》，载《经济研究》2014 年第 6 期。

[33] 陈斌开、杨依山、许伟：《中国城镇居民劳动收入差距演变及其原因：1990～2005》，载《经济研究》2009 年第 12 期。

[34] 陈斌开、张鹏飞、杨汝岱：《政府教育投入、人力资本投资与中国城乡收入差距》，载《管理世界》2010 年第 1 期。

[35] 陈兴述、李勋华：《重庆农村人力资本外溢对城乡差距的影响研究》，载《城市发展研究》2011 年第 10 期。

[36] 陈永伟、陈双双：《中国城镇居民收入差距的公平与不公平分解及度量》，载《经济学动态》2015 年第 3 期。

[37] 陈永正、陈家泽、薛从彬：《关于中国城乡收入差距的若干问题》，载《经济学家》2005 年第 4 期。

[38] 陈玉宇、邢春冰：《农村工业化以及人力资本在农村劳动力市场中的角色》，载《经济研究》2004 年第 8 期。

[39] 陈云：《中国城镇居民收入差距现状及对策研究综述》，载《首都经济贸易大学学报》2008 年第 6 期。

[40] 程名望、盖庆恩、Jin Yanhong、史清华：《人力资本积累与农户收入增长》，载《经济研究》2016 年第 1 期。

[41] 丁焕峰、刘心怡：《中国新型城镇化进程中城乡收入差距的影响研究》，载《当代经济科学》2017 年第 2 期。

[42] 都阳、朴之水:《劳动力迁移收入转移与贫困变化》,载《中国农村观察》2003年第5期。

[43] 都阳:《教育对贫困地区农户非农劳动供给的影响研究》,载《中国人口科学》1999年第6期。

[44] 杜鹏:《我国教育发展对收入差距影响的实证分析》,载《南开经济研究》2005年第4期。

[45] 杜威漩、胡盼盼:《城乡协调发展与城乡收入差距间互动机理分析》,载《西北农林科技大学学报(社会科学版)》2010年第4期。

[46] 樊琦、韩民春:《劳动力流动成本和工资性收入对地区间农民收入差距的影响研究》,载《农业技术经济》2009年第4期。

[47] 方超、黄斌:《教育人力资本投资能够缩小农村居民的工资性收入差距吗?》,载《教育与经济》2017年第4期

[48] 冯云、王维国:《教育投入差距与地区居民收入差距关系研究》,载《教育科学》2011年第3期。

[49] 高远东、张娜:《人力资本、城镇化与城乡居民收入差距》,载《现代财经》2016年第1期。

[50] 郭剑雄:《人力资本、生育率与城乡收入差距的收敛》,载《中国社会科学》2005年第3期。

[51] 郭志仪、常晔:《农户人力资本投资与农民收入增长》,载《经济科学》2007年第3期。

[52] 国家计委宏观经济研究院课题组:《中国城镇居民收入差距的影响及适度性分析》,载《管理世界》2001年第5期。

[53] 韩东林、付鹏:《力资本投入差异与城乡居民收入差距——基于省级面板数据的实证分析》,载《技术经济与管理研究》2014年第6期。

[54] 韩其恒、李俊青:《二元经济下的中国城乡收入差距的动态演化研究》,载《金融研究》2011年第8期。

[55] 贺寨平:《人力资本、政治资本、社会资本对中国城市居民收入不平等的影响》,载《河海大学学报(哲学社会科学版)》

2015 年第 4 期。

［56］侯风云、付洁、张凤兵：《城乡收入不平等及其动态演化模型构建——中国城乡收入差距变化的理论机制》，载《财经研究》2009 第 1 期。

［57］侯风云、张凤兵：《农村人力资本投资及外溢与城乡差距实证研究》，载《财经研究》2007 年第 8 期。

［58］胡阿丽、王征兵：《人力资本投资对农户非农就业的影响分析与验证》，载《西北农林科技大学学报（社会科学版）》2012 年第 5 期。

［59］胡荣才、冯昶章：《城乡居民收入差距的影响因素——基于省级面板数据的实证研究》，载《中国软科学》2011 年第 2 期。

［60］黄斌、钟晓琳：《中国农村地区教育与个人收入——基于三省六县入户调查数据的实证研究》，载《教育研究》2012 年第 3 期。

［61］黄乾：《中国农户人力资本投资及区域差距变化的实证分析》，载《中国人口科学》2005 年第 6 期。

［62］黄小明：《收入差距、农村人力资本深化与城乡融合》，载《经济学家》2014 年第 1 期。

［63］黄祖辉、陆建琴、王敏：《城乡收入差距问题研究——基于收入来源角度的分析》，载《浙江大学学报（人文社会科学版）》2005 年第 4 期。

［64］焦斌龙：《人力资本对居民收入差距影响的存量效应》，载《中国人口科学》2011 年第 5 期。

［65］赖德胜：《教育扩展与收入不平等》，载《经济研究》1997 年第 10 期。

［66］李宾、马九杰：《劳动力流动对城乡收入差距的影响：基于生命周期视角》，载《中国人口·资源与环境》2013 年第 11 期。

［67］李昌明、王彬彬：《中国城乡二元经济结构转换研究》，载《经济学动态》2010 年第 10 期。

［68］李江一、李涵：《城乡收入差距与居民消费结构：基于相对收入理论的视角》，载《数量经济技术经济研究》2016 年第 8 期。

[69] 李黎明、许珂：《人力资本、社会资本与收入差距——基于中国城市居民收入的分位回归模型分析》，载《复旦教育论坛》2017年第1期。

[70] 李实、李婷：《库兹涅茨假说可以解释中国的收入差距变化吗》，载《经济理论与经济管理》2010年第3期。

[71] 李实、罗楚亮：《中国居民收入差距的重新估计》，载《北京大学学报（哲学科学版）》2007年第2期。

[72] 李实、宋锦：《中国城镇就业收入差距的扩大及其原因》，载《经济学动态》2010年第10期。

[73] 李实、赵人伟、张平：《中国经济转型与收入分配变动》，载《经济研究》1998年第4期。

[74] 李卫兵：《地位收益：中国城乡收入差距日益扩大的原因》，载《中国农村经济》2005年第12期。

[75] 李宪印、陈万明：《农户人力资本投资与非农收入关系的实证研究》，载《农业经济问题》2009年第5期。

[76] 李宪印、陈万明：《我国农户人力资本投资的比较研究——基于东、中、西部农村面板数据的实证研究》，载《农业经济问题》2008年第5期。

[77] 李祥云、刘慧、陈芸：《中国教育扩展、教育分布与居民收入差距——基于省级面板数据的实证分析》，载《教育与经济》2016年第3期。

[78] 李勋来、李国平：《从人力资本视角看城乡收入差距及其平抑》，载《经济管理》2005年第9期。

[79] 李子叶、韩先锋、冯根福：《中国城市化进程扩大了城乡收入差距吗——基于中国省级面板数据的经验分析》，载《经济学家》2016年第2期。

[80] 廖显浪：《我国农村劳动力流动与城乡收入差距研究》，载《人口与经济》2012年第6期。

[81] 林光彬：《等级制度、市场经济与城乡收入差距扩大》，载《管理世界》2004年第4期。

[82] 刘慧、伏开宝、李勇刚：《产业结构升级、劳动力流动与城乡收入差距——基于中国30个省级面板数据实证分析》，载《经济经纬》2017年第5期。

[83] 刘魏、张应良、田红宇：《人力资本投资与农村居民收入增长》，载《华南农业大学学报（社会科学版）》2016年第3期。

[84] 刘新智、刘雨松：《城镇化进程中农村人力资本积累对农民收入增长的影响》，载《当代经济研究》2016年第6期。

[85] 刘渝琳、陈玲：《教育投入与社会保障对城乡收入差距的联合影响》，载《人口学刊》2012年第2期。

[86] 刘云忠、徐映梅：《我国城乡教育差距与城乡居民教育投入差距的协整研究——基于1990～2005年的数据分析》，载《教育与经济》2007年第4期。

[87] 柳光强、邓大松、祁毓：《教育数量与教育质量对农村居民收入影响的研究——基于省级面板数据的实证分析教育研究》，载《教育研究》2013年第5期。

[88] 龙翠红、洪银兴：《农村人力资本外溢与中国城乡居民收入差距关系的实证分析》，载《经济经纬》2012年第3期。

[89] 卢华、朱文君：《城乡收入差距的演变趋势、结构因素及应对策略》，载《宏观经济研究》2015年第8期。

[90] 陆铭、陈钊：《城市化、城市倾向的经济政策与城乡收入差距》，载《经济研究》2004年第6期。

[91] 栾斌、杨俊：《农村居民收入、健康支付结构与农村健康人力资本——中国省份面板数据的证据》，载《农业技术经济》2015年第2期。

[92] 栾江、陈建成、李强、何忠伟：《高中教育还是中等职业教育更有利于增加西部地区农村劳动力非农收入？——基于异质性的处理效应估计》，载《中国农村经济》2014年第9期。

[93] 罗楚亮、王亚柯：《城镇居民收入差距扩张及其因素的经验分析》，载《华中科技大学学报（社会科学版）》2012年第3期。

[94] 吕娜、邹薇：《健康人力资本投资与居民收入——基于私

人和公共部门健康支出的实证分析》，载《中国地质大学学报（社会科学版）》2015 年第 1 期。

［95］吕世斌：《城市化会减少中国的收入差距吗》，载《统计研究》2016 年第 1 期。

［96］吕炜、杨沫、王岩：《城乡收入差距、城乡教育不平等与政府教育投入》，载《经济社会体制比较》2015 年第 3 期。

［97］毛其淋：《经济开放、城市化水平与城乡收入差距——基于中国省际面板数据的经验研究》，载《浙江社会科学》2011 年第 1 期。

［98］梅新想、刘渝琳：《劳动力流动、农民人均工资性收入与城乡收入差距》，载《重庆大学学报（社会科学版）》2016 年第 4 期。

［99］任国强：《人力资本对农民非农就业与非农收入的影响研究——基于天津的考察》，载《南开经济研究》2004 年第 3 期。

［100］邵宜航、汪宇娟、刘雅南：《劳动力流动与收入差距演变：基于我国城市的理论与实证》，载《经济学家》2016 年第 1 期。

［101］孙华臣、卢华：《城乡收入差距演变：劳动力迁移的贡献》，载《财经问题研究》2014 年第 8 期。

［102］孙永强、万玉琳：《金融发展、对外开放与城乡居民收入差距——基于 1978 ~ 2008 年省际面板数据的实证分析》，载《金融研究》2011 年第 1 期。

［103］田新民、王少国、杨永恒：《城乡收入差距变动及其对经济效率的影响》，载《经济研究》2009 年第 7 期。

［104］万海远、李实：《户籍歧视对城乡收入差距的影响》，载《经济研究》2013 年第 9 期。

［105］王朝明、马文武：《城乡教育均衡发展、城乡收入差距与新型城镇化的关系》，载《财经科学》2014 年第 8 期。

［106］王德文、蔡昉：《如何避免城乡收入差距进一步扩大——“十五”期间农民收入变化趋势与政策建议》，载《农业经济问题》2003 年第 2 期。

［107］王德文：《中国经济增长能消除城乡收入差距吗?》，载《经济社会体制比较》2005 年第 4 期。

［108］王弟海、黄亮、李宏毅：《健康投资能影响跨国人均产出差距吗？——来自跨国面板数据的经验研究》，载《经济研究》2016年第8期。

［109］王韧：《中国城乡收入差距变动的成因分析：兼论“倒U”假说的适用性》，载《统计研究》2006年第4期。

［110］王少平、欧阳志刚：《我国城乡收入差距的度量及其对经济增长的效应》，载《经济研究》2007年第10期。

［111］王胜华：《公共投入、人力资本与居民收入——来自省级面板数据的证据》，载《中南财经政法大学学报》2017年第4期。

［112］王卫、张宗益、徐开龙：《劳动力迁移对收入分配的影响研究——以重庆市为例》，载《人口研究》2007年第6期。

［113］王晓清、刘东：《教育对区域间城乡收入差距的影响分析》，载《经济与管理研究》2012年第7期。

［114］韦伟、傅勇：《城乡收入差距与人口流动模型》，载《中国人民大学学报》2004年第6期。

［115］魏浩、赵春明：《对外贸易对我国城乡收入差距影响的实证分析》，载《财贸经济》2012年第1期。

［116］魏众：《健康对非农就业及其工资决定的影响》，载《经济研究》2004年第2期。

［117］向书坚、许芳：《中国的城镇化和城乡收入差距》，载《统计研究》2016年第4期。

［118］谢冬水：《农地转让权、劳动力迁移与城乡收入差距》，载《中国经济问题》2014年第1期。

［119］熊广勤、张卫东：《教育与收入分配差距：中国农村的经验研究》，载《统计研究》2010年第11期。

［120］徐辉、黎东升：《教育型人力资本对农民收入影响的典型相关分析》，载《农业技术经济》2011年第8期。

［121］杨建芳、龚六堂、张庆华：《人力资本的形成及其对经济增长的影响》，载《管理世界》2006年第5期。

［122］杨金阳、周应恒、黄昊舒：《农地产权、劳动力转移和城

乡收入差距》，载《财贸研究》2016 年第 6 期。

[123] 杨娟、赖德胜、邱牧远：《如何通过教育缓解收入不平等?》，载《经济研究》2015 年第 9 期。

[124] 杨俊、黄潇、李晓羽：《教育不平等与收入分配差距：中国的实证分析》，载《管理世界》2008 年第 1 期。

[125] 杨涛：《城乡收入差距的政治经济学》，载《中国社会科学》2000 年第 4 期。

[126] 杨晓军：《中国农户人力资本投资与城乡收入差距：基于省级面板数据的经验分析》，载《农业技术经济》2013 年第 4 期。

[127] 姚先国、赖普清：《中国劳资关系的城乡户籍差异》，载《经济研究》2004 年第 7 期。

[128] 姚旭兵、罗光强、黄毅：《区域异质性：农村人力资本与农民收入增长》，载《华南农业大学学报（社会科学版）》2015 年第 3 期。

[129] 姚旭兵、罗光强、吴振顺：《城镇化对城乡收入差距影响的区域异质性研究》，载《经济体制改革》2016 年第 1 期。

[130] 于大川、潘光辉：《健康人力资本与农户收入增长——基于 CHNS 数据的经验研究》，载《经济与管理》2013 年第 3 期。

[131] 俞福丽、蒋乃华：《健康对农民种植业收入的影响研究——基于中国健康与营养调查数据的实证研究》，载《农业经济问题》2015 年第 4 期。

[132] 岳意定、宋善炎：《人力资本对城乡居民收入差距影响研究》，载《湖南大学学报（社会科学版）》2013 年第 2 期。

[133] 詹国辉、张新文：《教育资本对城乡收入差距的外部效应》，载《财贸研究》2017 年第 6 期。

[134] 张车伟：《营养、健康与效率——来自中国贫困农村的证据》，载《经济研究》2003 年第 1 期。

[135] 张建辉、靳涛：《转型式经济增长与城乡收入差距：中国的经验（1978 ~2008）》，载《学术月刊》2011 年第 7 期。

[136] 张启良、刘晓红、程敏：《我国城乡收入差距持续扩大的

模型解释》，载《统计研究》2010 年第 12 期。

[137] 张涛：《中国收入差距的变动及其原因分析：1985 ~ 2012 年》，载《数量经济技术经济研究》2016 年第 12 期。

[138] 张伟、陶士贵：《人力资本与城乡收入差距的实证分析与改善的路径选择》，载《中国经济问题》2014 年第 1 期。

[139] 张文齐：《发展战略、城市化与中国城乡收入差距》，载《中国社会科学》2013 年第 4 期。

[140] 张衔、黄金辉、邓翔：《东中西部地区农户人力资本投资行为比较分析》，载《中国农村经济》2005 年第 4 期。

[141] 张义博、刘文忻：《人口流动、财政支出结构与城乡收入差距》，载《中国农村经济》2012 年第 1 期。

[142] 张卓妮、吴晓刚：《农村劳动力迁移与中国工资收入不平等的地区差异：来自 2005 年全国人口抽样调查的证据》，载《人口与发展》2010 年第 1 期。

[143] 赵海、彭代彦：《农户人力资本投资与工资性收入增长的实证分析》，载《农业技术经济》2009 年第 4 期。

[144] 赵连阁、钟搏、王学渊：《劳动力异质性、人口迁移壁垒与地区收入差距研究》，载《商业研究》2014 年第 2 期。

[145] 赵伟、李芬：《异质性劳动力流动与区域收入差距：新经济地理学模型的扩展分析》，载《中国人口科学》2007 年第 1 期。

[146] 赵耀辉：《中国农村劳动力流动及教育在其中的作用——以四川省为基础的研究》，载《经济研究》1997 年第 3 期。

[147] 甄小鹏、凌晨：《农村劳动力流动对农村收入及收入差距的影响——基于劳动异质性的视角》，载《经济学（季刊）》2017 年第 3 期。

[148] 郑小平、侯臣：《转型期中国城乡收入差距的原因分析》，载《农村经济》2016 年第 4 期。

[149] 周端明、蔡敏：《中国城乡收入差距研究述评》，载《中国农村观察》2008 年第 3 期。

[150] 周世军、周勤：《政策偏向、收入偏移与中国城乡收入差

距扩大》，载《财贸经济》2011 年第 7 期。

[151] 朱金霞、吕康银、李盛基：《我国城乡居民收入差距及其分解》，载《技术经济与管理研究》2014 年第 12 期。

[152] 朱长存、马敬芝：《农村人力资本的广义外溢性与城乡收入差距》，载《中国农村观察》2009 年第 4 期。

[153] 朱子云：《中国城乡居民收入差距的分解分析》，载《数量经济技术经济研究》2014 年第 2 期。

[154] Barrett, C. B., Reardon, T. and Webb, P., 2001: Non-farm Income Diversification and Household Livelihood Strategies in Rural Africa: Concepts, Dynamics, and Policy Implications, Food Policy, Vol. 26, No. 4.

[155] Becker, G. S., 1962: Investment in Human Capital: A Theoretical Analysis, Journal of Political Economy, Vol. 70, No. 5.

[156] Castelló - Climent, A. and Doménech, R., 2008: Human Capital Inequality, Life Expectancy and Economic Growth, The Economic Journal, Vol. 118, No. 528.

[157] Chen, A., 2002: Urbanization and Disparities in China: Challenges of Growth and Development, China Economic Review, Vol. 13, No. 4.

[158] Chiswick, B. R., 1971: Earnings Inequality and Economic Development, The Quarterly Journal of Economics, Vol. 85, No. 1.

[159] Chiu, W. H., 1998: Income Inequality, Human Capital Accumulation and Economic Performance, The Economic Journal, Vol. 108, No. 446.

[160] Erosa, A., Koreshkova, T. and Restuccia, D., 2010: How Important is Human Capital? A Quantitative Theory Assessment of World Income Inequality, The Review of Economic Studies, Vol. 77, No. 4.

[161] Estudillo, J. P. and Otsuka, K., 1999: Green Revolution, Human Capital, and Off - Farm Employment: Changing Sources of In-

come among Farm Households in Central Luzon, 1966 – 1994, Economic Development and Cultural Change, Vol. 47, No. 3.

[162] Fafchamps, M. and Quisumbing, A. R., 1999: Human Capital, Productivity, and Labor Allocation in Rural Pakistan, Journal of Human Resources, Vol. 34, No. 2.

[163] Fei, J. C. H. and Ranis, G., 1964: Development of The Labor Surplus Economy: Theory and Policy, Homewood Press.

[164] Gisser, M., 1965: Schooling and the Farm Problem, Econometrica, Vol. 33, No. 3.

[165] Glomm, G. and Ravikumar, B., 1992: Public Versus Private Investment in Human Capital: Endogenous Growth and Income Inequality, Journal of Political Economy, Vol. 100, No. 4.

[166] Gregorio, J. D. and Lee, J. W., 2002: Education and Income Inequality: New Evidence from Cross – Country Data, Review of Income and Wealth, Vol. 48, No. 3.

[167] Hanson, R. J., 1971: Nonfarm Income Earned by Commercial Farm Operators in Central Illinois, American Journal of Agricultural Economics, Vol. 53, No. 1.

[168] Harris, J. R. and Todaro, M. P., 1970: Migration, Unemployment and Development: A Two – Sector Analysis, The American Economic Review, Vol. 60, No. 1.

[169] Huffman, W. E., 1980: Farm and Off – Farm Work Decisions: The Role of Human Capital, The Review of Economics and Statistics, Vol. 62, No. 1.

[170] Jolliffe, D., 1998: Skills, Schooling, and Household Income in Ghana, The World Bank Economic Review, Vol. 12, No. 1.

[171] Kanbur, R. and Zhang, X., 1999: Which Regional Inequality? The Evolution of Rural – Urban and Inland – Coastal Inequality in China from 1983 to 1995, Journal of Comparative Economics, Vol. 27, No. 4.

[172] Knight, J. and Song, L., 1999: The Rural – Urban Divide: Economic Disparities and Interactions in China, Oxford: Oxford University Press.

[173] Kurosaki, T., 2001: Effects of Human Capital on Farm and Non – Farm Productivity in Rural Pakistan, Hitotsubashi University.

[174] Kuznets, S., 1955: Economic Growth and Income Inequality, The American Economic Review, Vol. 45, No. 1.

[175] Lewis, W. A., 1954: Economic Development with Unlimited Supplies of Labour, The Manchester School, Vol. 22, No. 2.

[176] Lockheed, M. E., Jamison, D. T. and Lau, L. J., 1980: Farmer Education and Farm Efficiency: A Survey, Economic Development and Cultural Change, Vol. 29, No. 1.

[177] Mankiw, N. G., Romer, D. and Weil, D. N., 1992: A Contribution to The Empirics of Economic Growth, The Quarterly Journal of Economics, Vol. 107, No. 2.

[178] Mincer, J., 1958: Investment in Human Capital and Personal Income Distribution, Journal of Political Economy, Vol. 66, No. 4.

[179] Ram, R., 1989: Can Educational Expansion Reduce Income Inequality in Less – Developed Countries? Economics of Education Review, Vol. 8, No. 2.

[180] Ranis, G. and Fei, J. C. H., 1961: A Theory of Economic Development, The American Economic Review, Vol. 51, No. 4.

[181] Schultz, T. W., 1961: Investment in Human Capital, The American Economic Review, Vol. 15, No. 1.

[182] Strauss, J., 1986: Does Better Nutrition Raise Farm Productivity? Journal of Political Economy, Vol. 94, No. 2.

[183] Taylor, J. E., Rozelle, S. and De Brauw, A., 2003: Migration and Incomes in Source Communities: A New Economics of Migration Perspective from China, Economic Development and Cultural Change, Vol. 52, No. 1.

[184] Todaro, M. P., 1969: A Model of Labor Migration and Urban Unemployment in Less Developed Countries, The American Economic Review, Vol. 59, No. 1.

[185] Yang, D. T. and An, M. Y., 2002: Human Capital, Entrepreneurship, and Farm Household Earnings, Journal of Development Economics, Vol. 68, No. 1.

[186] Yang, D. T., 1999: Urban - Biased Policies and Rising Income Inequality in China, The American Economic Review, Vol. 89, No. 2.

[187] Zhang, L., Huang, J. and Rozelle, S., 2002: Employment, Emerging Labor Markets, and the Role of Education in Rural China, China Economic Review, Vol. 13, No. 2.